文春文庫

大名廃絶録

南條範夫

文藝春秋

大名廃絶録　目次

徳川幕府の大名廃絶策 9
里見安房守忠義 31
松平上総介忠輝 59
福島左衛門大夫正則 85
最上源五郎義俊 113
本多上野介正純 139
松平三河守忠直 165

加藤肥後守忠広 191
駿河大納言忠長 217
生駒壱岐守高俊 245
加藤式部少輔明成 273
堀田上野介正信 301
松平中将光長 327
解説 池上冬樹 353

大名廃絶録

徳川幕府の大名廃絶策

『寛政重修《ちようしゆう》諸家譜』編収の際、取調御用手伝を仰付けられた幕府御持筒《おもちづつ》同心の小田又蔵彰信の著と言われる『廃絶録』上、中、下三巻には、慶長五年（一六〇〇）以降文化四年（一八〇七）に至る期間における諸大名の除封減封が列挙されている（『改定史籍集覧』収録本においては、更に慶応元年〈一八六五〉まで補足）。

これによって、徳川時代における大名廃絶並びに減封の内容はほぼ尽されているが、幕府の政策として検討する場合には、その間に多少の区別をつけて考えなければならない。

一

第一に、慶長五、六、七年における諸大名の廃絶は、関ヶ原戦役の結果であり、本質的には戦国時代における諸雄の攻防による敗北・滅亡・服従と軌を一にする。

すなわち、西軍に属した諸大名は、敗戦の結果、領土を奪われ、または削減されたのであって、徳川氏の一方的命令によって、何の反抗もなしにその処分を受けたのではない。この点において、慶長八年以降の大名家廃絶が、豊臣氏を除けば、すべて、戦乱を伴わず、すなわち徳川氏による武力行使を伴わずに一方的命令によって断行されたのとは全く異なる。

また、法律的に言っても、正式に徳川幕府が成立したのは慶長八年であり、それ以前の徳川氏の処分が戦勝者の実力を基礎として行われたのに対し、それ以後は、もちろんその実力を背景としてではあるが、少なくも法律的に全国武家の主権者としての正式の資格を以て行われたと言う点においても異なる。

要するに、関ヶ原役後の処分は、対立する大名間で勝利者の敗北者に対する処置であり、それ以後の処分は、支配者たる幕府の臣従者たる大名に対する処分なのである。

ところで関ヶ原役後の除封大名数は、『廃絶録』によれば八十七家であるが、これには異論がある。

栗田元次《もとつぐ》『江戸時代史』上においては、除封大名九十一家、四百二十万六千二百石、減封大名四家、二百二十一万五千九百六十石としており、中村孝也『徳川家康文書の研究』中巻では、除封大名九十家、四百三十八万三千六百石、減封大名四家、二百二十一万五千九百石としており、藤野保『幕藩体制史の研究』においては、除封大名八十七家、四百十四万六千二百石、減封大名三家、二百七万五千四百九十石としている。

こうした差異の出てくるのは、大名封地の石高が必ずしも明確ではないためである。例えば、藤懸永勝は、「太閤分限高」によれば二万石、『大三川志』には一万三千石とあって、大名として扱わねばならないが、松平太郎『江戸時代制度の研究』や、『寛政重修諸家譜』によれば六千石であって、大名の中にはいらないと言うごときである。また、減封大名は、毛利・上杉・佐竹の三大名のほかに、秋田実季《さねすえ》を算《かぞ》えるか否かによって異なる。秋田は、『廃絶録』では十九万石から五万石に削減されたとなっているが、『藩翰譜』や秋田家文書によれば、初めから五万石であって、減封大名の中にはいらない。

どの数字によっても、九十前後の大名が除封され、その総石高四百二十数万石、減封三ないし四家の削地二百二十数万石となり、両者を加えれば、約六百五十万石が、関ヶ原役の結果、徳川氏の自由に委《ゆだ》ねられた訳である。

徳川氏はこれらを、あるいは自己の直轄領に編入し、あるいは徳川一門の大名や譜代大名の創出に当て、あるいは自己に味方した諸大名への論功行賞として与えた。

この論功行賞として加封された諸大名の中には、いわゆる豊臣家恩顧の諸大名も多くいたが、それらの大部分は、幕府成立後、極めて短期間に、種々な名目のもとに、廃絶の憂目《うきめ》にあっていることは、後に記す通りである。

いずれにしても正式に徳川幕府の大名統制策の一環としての大名廃絶をみるためには、この関ヶ原役後の処分は除外して、慶長八年以降のものについて考察すべきであろう。

以下、主として『廃絶録』によって検討してみるが、この際『廃絶録』の中に記載されている大名の中でも、特殊のもの、例えば、分家の当主が本家を嗣《つ》いだため、その分家が廃絶されたと言うようなものは、考察の外におく。著しい例を挙げれば、甲府中納言綱豊が、将軍綱吉の後嗣となって西の丸に移ったため、甲府三十五万石が収公されたと言うような場合は、何らの処罰的意味も、廃絶的意義も持たないのであるから、他の例と同一に扱うべきではないからである。

なお『廃絶録』に掲げてあるものは、完全な廃絶家のみではなく、削封も含まれている。この削封の中で、事実上除封に近いとみてよいものが少なくない。例えば、慶長十九年里見忠義は、安房十二万石から伯耆《ほうき》の三万石に削封されているが、これは名義だけのもので、その後間もなく百人扶持《ぶち》になっている。また、福島正則も一応は、元和五年（一六一九）に安芸四十九万八千二百石から、信州川中島四万五千石に削封され、寛永元年（一六二四）死の直後、この四万五千石を収公された事になっているが、川中島に移転後の正則が、果して、四万五千石の大名として実質を保有し得ていたかは疑問であり、おそらく名目的なものではなかったかと思われる。

二

大名家の廃絶ないし除封減封は、幕府の大名統制策の中でも最もきびしい政策であり、大名家としては、これほど恐るべきものはない。しかも、各大名は絶えずみなこの処分の恐怖の下に置かれていたのである。

この処分が、関ヶ原以後、戦勝による結果として行われたのは、豊臣氏（並びにこれと関連して古田氏）のみで、あとはすべて、幕府の支配権の発動として現われた。

その内容は、大きく分けて、(1)世嗣断絶によるものと、(2)幕法違反によるものと、(3)乱心その他の疾病《しっぺい》によるものとなし得る。

このうち、(2)は極めて雑多なものを含み、無断通婚、城池修覆のごとき明白な武家諸法度《はっと》違反から、勤務懈怠《けたい》、領国治まらず奸曲《かんきょく》、我意の振舞いあり、行跡よろしからず、公命に背く、謀叛《むほん》の嫌疑あり等々、中にはただ「故ありて」と言う漠然たるものまで含まれる。

無断通婚を咎《とが》められた大久保忠隣《ただちか》にしても、城池修覆を口実とされた福島正則にしても、その本当の理由は他にあったのだ。幕府がこれと狙《ねら》ったら、必ず何らかの理由は見つけ出し得たであろうし、また何らかの事件が起きればそれを理由に廃絶を断行することは、容易だったのである。

廃絶政策を大観すると、初期において厳しく後期においてゆるやかである。全期を、ほぼ五代綱吉までと、それ以後に分けてみると、家康の開幕から綱吉時代の終りまでの百五年間に、除封削封百九十一家であるのに対して、六代家宣《いえのぶ》以降慶喜《よしのぶ》退職までの百六十年に、わずか四十六家である。すなわち、綱吉の時代までは、年平均一・八家の大名が廃絶または削封の憂目に遭っているのに対して、家宣以降は、三・五年に一件しか処分されていないのだ。

これは言うまでもなく、初期においては、旧豊臣系大名の整理をはじめ、徳川一門内の反宗家分子の削除その他、幕府の権威を確立増大させるために、果断苛酷《かこく》な大名廃絶政策が必要であったのに対して、中期以降、幕府の圧倒的権威が確立されると、もはやその必要がなくなってきたためである。後期においてはむしろ、幕閣内部における政権争奪の結果として敗退したものが、「勤め方思召《おぼしめし》にかなわず」などと言う理由で処罰されている例や、当主の狂疾乱心などによって除封されているのが非常に多い。

注目すべきことは、初期、殊に四代家綱までに廃絶の理由として、上記(1)、すなわち世嗣なきためと言うのが極めて多い点である。当時の廃絶家のほぼ半分は、この理由である。

大名のみならず一般武家においては封禄《ほうろく》の相続人を選定するための手続きは甚だ厳格であり、徳川初期においては、遺言による養子願いは、末期《まつご》養子、急養子と言って厳禁した。

従って、どんなに幕府に功労のあった譜代の家でも、死亡の時、すでに公認されている嗣子がなければ、領土没収、家名断絶となるのである。

しかるに、関ヶ原以降の大名家の没落による浪人の発生は極めて多量に上り、終《つい》に社会不安を激成するに至った。慶安四年（一六五一）の由井正雪事件は、その顕著な例である。

幕府も、正雪事件によって、ようやく事の重大性を深く認識し、継嗣法を改めて、末期養子の禁をゆるめ、五十歳以下の者については、末期養子を認める事とした。

このため、嗣子なきための絶家は大いに減少したが、それでも十七歳以下の者の養子は許されなかったので、当主が十七歳以下で死んだ場合、廃絶となったものがあり、綱吉時代に至ってようやく、十七歳以下の末期養子も吟味の上、許されることとなったのである。

三

次に、家康以降綱吉までの大名除封削封の状況を概観する。

家康の時代においては、外様《とざま》大名の処分されたものとして、慶長十一年以降、堀一族（忠俊、直次、直寄、鶴千代）、両稲葉（通孝、通重）、津田、筒井、前田（茂勝）、中村、木下、桑山（清晴）、金森、有馬（晴信）、両里見（忠義、忠頼）、両石川（康長、康勝）、富田、高橋、佐野、福島（正頼）、織田（信重）の他に、特例として豊臣秀頼及びこれと内通した古田重然《しげてる》とがある。

　計二十五名、豊臣、古田を除けば二十三家であり、このうち、世嗣なきための断絶が五家、旧豊臣系の大名が、秀頼を別として十八家もあることを見れば、その処分方針の根本がどこにあったかは明白であろう。

　これに対して、徳川の一門及び譜代大名で除封されたものは、十四家。徳川一門の忠吉、信吉の両家をはじめ、桜井、竹谷、両松平（忠頼、忠清）、平岩、大久保（忠隣、忠佐《ただすけ》）、西尾、天野、小笠原（吉次《よしつぐ》）、水野（忠胤）、皆川、山口、青山（成重）らの譜代で、このうち、世嗣なきための断絶は六名、徳川一門の松平薩摩守忠吉（家康第四子）及び武田信吉（家康第五子）はおのおの二十八歳及び二十一歳で死亡し、後嗣がないため、領地を収公されたものである。

　第二代の秀忠の時代に改易処分を受けた外様大名は二十一家。成田、藤田、坂崎、村上、近藤、関、福島（正則）、市橋、田中（忠政）、織田（長益）、最上、里見、西尾、滝川、蒲生、松下、徳永、別所、桑山、織田（長則）、池田（政綱）らだが、福島、成田両家は名目上二回処分されている。無世嗣断絶が十四家で半ば以上を占めているのは、末期養子の禁令が外様大名にまで適用されるに至ったからである。

徳川一門で改易されたのは、越後の松平忠輝（家康第六子）、譜代は大久保（忠為）、本多（正重）、伊奈、土岐、本多（正純）、本多（紀貞《のりさだ》）、青山（忠俊）、内藤（清政）、根津、本多（忠刻《ただとき》）、松平（重忠）、内藤（重頼）、酒井（直次）、三浦（重勝）ら十四家。このほとんどすべて、すなわち十二家が、世嗣なきための断絶である。

第三代家光時代における外様大名に対する処分は極めて峻烈《しゅんれつ》であった。すなわち、豊臣系の加藤（忠広）、寺沢、加藤（明成）らをはじめ、堀尾、蒲生（忠知）、京極、生駒、堀（直定）、脇坂、最上、竹中、本多（政武）、松倉、片桐、真田（熊之助）、佐久間、三池田（輝澄、輝興、長常）、那須、一柳、松下、杉原、古田、稲葉、織田（信勝）ら二十六家である。このうち、十五家が「嗣子なきにより家絶ゆ」となっている。

これら諸大名のうち、加藤（忠広）、生駒、池田（輝澄）は堪忍分として、その身一代は一万石を与えられ、加藤（明成）、片桐、一柳、杉原は、一族子弟に一万石を与えられて、大名家としての名跡は残った。また、京極家（忠高）のみは、松江二十四万石は収公されたが、甥《おい》の高和に播州《ばんしゅう》で六万石を与えられている。

徳川一門では、周知のごとく、家光治世の劈頭《へきとう》において、駿河大納言忠長が改易処分を受けている。これに伴って、忠長の付家老《つけがろう》であった鳥居（忠房）、朝倉、屋代及びその一門付である三枝、有馬（頼次）が連坐して改易されている。

その他、譜代大名として、酒井（重澄）、菅沼（右京）、鳥居（忠恒）、成瀬（之虎《ゆきとら》）、両本多（犬千代、勝行）、松平（清道）、皆川、松平（忠憲）、菅沼（定昭）、内藤（信広）ら十一家。この十一家のうち九家までは、無嗣断絶である。

以上のうち、鳥居（忠恒）、松平（忠憲）、菅沼（定昭）の三家は、その子弟に万石以上を与えられて、大名として残った。

以上、家康から家光に至る三代において顕著なのは、外様大名、殊に旧豊臣系大名の剿滅《そうめつ》がその中心政策となっていたことである。

また、一門の忠直、忠輝、忠長などに対する断乎《だんこ》たる処分は、いやしくも将軍家に不従順なものは、たとえ一門といえども容赦しないと言う態度を示して、天下諸侯を畏怖《いふ》せしめたに違いない。

第四代家綱の時代において改易になった外様大名は、平岡、杉原、片桐（為次）、日根野、山崎、上杉、一柳（直興）、京極（高国）、池田（邦照）、伊達（宗勝）、新庄、池田（恒行）、戸川の十三家。

上杉の米沢三十万石は当主綱勝が二十七歳で死亡し嗣子がなかったので、綱勝の妹が嫁入りした吉良上野介義央《よしなか》の男三郎を養子として、十五万石を与えられた。その他は、京極を除き、おおむね小大名であり、無嗣絶家が十家に及んでいる。

徳川一門にはなし。譜代大名としては、松平（定政）、堀田正信、松平（隆政）、北条、松平（重利）、水野（元知）、高力、奥平（昌能《まさよし》）、酒井（忠解）、土屋（頼直）、両土井（利久、利直）、堀（通周）、の十三家、その半ばに当る六家は無嗣断絶。

奥平は宇都宮十一万石から山形九万石への削減転封、堀田、土井（利久）は一族子弟に万石以上与えられて、大名として残った。

第五代綱吉は、歴代将軍中、最も多くの大名の処分を断行した。

まず外様大名を見ると、真田（信利）、桑山、土方（雄隆《かつたか》）、有馬（豊祐）、溝口（政親）、那須（資徳《すけのり》）、佐久間（勝茲《かつちか》）、遠藤、山内（豊明）、水谷、織田（信武）、両小出（重興、英及《ふさつぐ》）、両森（長武、長成）、伊達（村和）、浅野（長矩《ながのり》）ら十七家だが、作州津山の森を除けば、いずれも十万石以下の小大名である。

無嗣絶家が四家に減少しているのは、養子制緩和のためである。織田は減封にとどまり、森（長成）は祖父長継が二万石を与えられて、大名の列に止まり得た。

綱吉の改易政策の中枢は、しかし、外様にではなく一門及び譜代に向けられていた。

この点で、初期四代と大いに異なる。

思うに、この時期までに、外様大名に対する基本的な地ならしは終っており、むしろ、譜代大名の内部における腐敗、失政、内訌《ないこう》などを徹底的に糾弾しようと言う方策がとられたのであろう。

綱吉は治世のはじめ、まず一門の越後高田藩松平光長に関する紛争を親《みずか》ら裁判して改易を命じたのみならず、松平近栄《ちかよし》及び松平直矩をもこれに連坐せしめ、更に、貞享《じょうきょう》三年（一六八六）には越前福井藩主松平綱昌をも改易処分に附した。

譜代大名としては、内藤忠勝、永井尚長《なおなが》、加々爪《かがつめ》直清、酒井忠能、板倉重種、本多政利、本多利長、稲葉正休《まさやす》、松平重治、堀田正英、喜多見重政、坂本重治、本多忠周《ただちか》、鳥居忠則、奥平忠弘、松平忠之、西郷寿員《ひさかず》、本多重益、水野勝岑《かつみね》、小笠原長胤、伊丹勝守、丹羽氏音、松平忠充《ただみつ》、井伊直朝ら二十八家、その大部分は、三万石以下の小譜代大名である。

この二十八家のうち、無嗣断絶は水野氏ただ一家で、養子制緩和の結果は顕著である。

また、越前福井藩及び松平近栄は削封、松平直矩は削減転封、越後松平家はいったん取潰《とりつぶ》したが、後に長矩が継いで家名を残した。板倉、本多（利長）、鳥居、奥平、小笠原、丹羽は削封、永井、松平（忠之）、水野、井伊は一族の者に万石以上が与えられて、大名として残った。

第六代以下については、詳細を省略するが、家宣、家継二代に五家、八代吉宗の時代に十七家、家重五家、家治二家、家斉《いえなり》五家、家慶《いえよし》三家、家定なし、家茂《いえもち》九家の処分をしているに過ぎない。

以上を総計すれば徳川開幕中の除封削封大名は約二百四十家、外様と一門譜代との割合は全体としてほぼ相等しい。

四

廃絶理由の一つとして前に狂疾を挙げておいたが、その例が無嗣絶家についで多いのは、驚くべきことである。

これを例示すれば次のごとくだ。

慶長十三年（一六〇八）、丹波八上《やかみ》、五万石、前田茂勝、狂気して家臣あまた殺害し、京都、近江辺に乱行した罪によって改易せられた。

その後、しばらくその例はなかったが、寛永十八年（一六四一）、奥州二本松、三万石の加藤明利《あきとし》が狂疾にかかって急死して城邑《じょうゆう》を収公され、つづいて正保元年（一六四四）、奥州三春、三万石、松下長綱、狂疾により城地返納。翌二年、播州赤穂の池田輝興《てるおき》、狂気して妻女を殺害して改易、同四年、肥前唐津八万三千石、寺沢堅高《かたたか》、酒狂で自殺、断絶となっている。

更に慶安元年（一六四八）、丹波福知山、四万五千石、稲葉紀通《のりみち》が乱心して自害、同四年、三州刈屋、二万石、松平定政が乱心、遁世《とんせい》、共に城地を収公されている。

寛文七年（一六六七）、上州安中、二万石の水野元知《もととも》、乱心し妻女を殺害して自殺を図って、改易。

延宝七年（一六七九）、上総久留里、二万石、土屋頼直、発狂して改易、翌八年、志摩鳥羽、三万五千石の内藤忠勝、増上寺法会《ほうえ》の際、乱心して永井尚長を殺害し、死を賜う。

貞享三年、越前福井、五十二万五千石の松平綱昌、乱心して城地を収められ、養父昌明に福井領二十五万石を賜う。同四年、越後沢海《そうみ》、一万石の溝口政親、狂疾にかかり領地没収。

元禄六年（一六九三）、下総古河、八万石松平忠之、乱心により城地を収められ、同八年、大和松山、二万八千石、織田信武、狂気して家従を殺して自害。翌九年、作州内にて二万石の森長武死亡、その末期養子長基乱心。同十年、作州津山、十八万六千石の森長成死亡、その養子となった式部失心して封をつぐ能《あた》わず。元禄十一年、甲州徳美、一万石、伊丹勝守、失心して厠《かわや》にて自害、改易。同十五年、勢州長島、一万石の松平忠充、狂疾により城地剝奪《はくだつ》。

宝永二年（一七〇五）、遠州掛川、三万五千石、井伊直朝失心、改易。享保九年（一七二四）、下野鹿沼、一万三千石、内田正偏《まさゆき》、乱心して妻室を傷つけ、削封。同十年、信州松本、七万石、水野忠恒、乱心して毛利師就《もろたか》に刃傷《にんじょう》、改易。

以上を通算すれば、慶長十三年から享保十年まで、百十七年の間に、実に二十一件、平均五年に一大名が狂疾のために、家を潰している勘定である。実に呆《あき》れるほかはない。

もちろん、表面上、狂疾とされたものも、その実、公表し難い他の複雑な理由のあったものも二、三はあるであろう。その代り行跡収まらずとか、我意乱行《らんぎょう》とか言う名目によって廃絶されたものでも、事実は半狂乱の状態にあったものもいたと思われる。

大名の当主に狂疾者の多いのは、おそらく生れて以来、我儘《わがまま》一杯に育てられ、早くから女色に耽溺《たんでき》し、酒に己れを忘れる習慣がついているため、自《おの》ずから頭をこわしてしまったためでもあろう。狂気して妻女を殺害しと言うのが数多くあるのをみても、自制力を喪《うしな》った酒乱の一種ではなかったかと思われる。

しかし、中には、一門親族や家臣のために政策的に狂疾と言うことにされてしまったものもあったと思われる。

廃絶家の中には入っていないが、岡崎城主水野忠辰《ただとき》が、宝暦二年（一七五二）、病と称して隠居し、水野忠任《ただとう》を養子として迎えた場合のごときは、明らかに、その例である。忠辰は、藩政の急激な改革刷新を図ったので、先代以来の老臣たちはこれを悦《よろこ》ばず、無理やりに狂疾と言うことにして監禁してしまい忠任を養子に迎えたのである。この場合は、相続は支障なく行われたが、狂気の故を以て断絶になった諸家の中にも、このような例があったかも知れないのである。

最後に、徳川の大名廃絶政策の跡を顧みて、いかにも意外に思うことは幕府の改易命令に対して、実力を以て抗争した例が、ただの一件もないことである（豊臣氏は特殊例であるから、この場合問題外）。

戦国時代における大名の領土に対する執念は異常なもので、一家一族全滅と分っているような場合でも、あくまでこれを死守しようとした例が多い。一戦に及ばず開城して、領土を献上するごときは、その後の所領安堵《あんど》が保証されなければ、考えられぬことであったろう。

加藤清正の遺書と伝えられるものに、

——肥後国虎藤（忠広）に下し給はるべく、さもなきにおいては、この判形《はんぎょう》、侍共にいただかせ、籠城《ろうじょう》の上、一戦を遂ぐべきなり（『清正記』）

とある。この遺書が本物か否か不明だが、戦国武将が、己れの槍《やり》一筋を以て獲得した所領について、どんな考えをもっていたかを示すものとしては面白い。

いかに幕府の武力が卓絶していたからとて、二百四十件に及ぶ除封削封において、ただの一家も、これに対して武力抗争を試みようとしたものがなかった事は、戦国の武士魂全く消失し去ったものとみるほかはない。

城地収公に当って、籠城合戦説があったことは、元禄事件の際の赤穂城の例によっても明らかであるが、いざとなると、それは実現せず、すべて平和裡《り》に開城している。

徳川幕府の諸大名に対する強圧威嚇政策は完全に成功した訳である。

しかし、主家のために一身を捨てると言うことが、武士道の中核であるとするならば、徳川泰平の時代に入って、武士道なるものはその中核を全く喪ってしまったものと言ってよい。

長州藩が初めて幕府に対して敢然として抗争しようと、決意を固めたのは、実に開幕後二百六十年を経て、幕府の実力全く地に墜《お》ちたりと見えた後であった。

里見安房守忠義

里見氏は安房の名族である。

文安二年（一四四五）初代里見義実《よしざね》が安房を平定してから、上総、下総にその勢力を伸ばし、代々北条氏と闘って容易に屈せず、房総に蟠踞《ばんきょ》した。

秀吉が北条氏を滅ぼした時は、義実から九代目の義康であったが、秀吉の陣に馳《は》せ参ずる時機を逸したため、秀吉の怒りを買って、上総、下総の地を取り上げられ、安房九万二千石だけを与えられた。

秀吉の死後、関ヶ原役に際して、徳川方に属して宇都宮に陣し、上杉景勝を掣肘《せいちゅう》した功によって、常陸国鹿島郡三万石を加えられ、合計十二万二千石となった。

義康三十一歳で、慶長八年（一六〇三）十一月十六日死亡し、十歳の嫡男梅鶴丸があとを嗣《つ》ぐ。同十一年十一月十五日、将軍秀忠の前で元服し、安房守に任じられ、将軍の諱《いみな》を貰《もら》って忠義と名乗った。

同十六年、忠義十八歳の時、相州小田原の城主大久保相模守忠隣《ただちか》の長子加賀守忠常の娘を娶《めと》った。

一般には、忠義の室は忠常の娘ではなく、忠隣の娘であるとされているが、ここでは大野太平氏の説をとる。同氏の『房総里見氏の研究』は、里見氏に関する限り最も詳密な信頼するに足る研究であろう。本稿も、該書に依拠する点の多いことを明記しておく。いずれにしても、大久保家は、徳川宗家と縁続きである上に、当時幕閣に強大な勢力を持っていたのであり、その姫を貰った忠義の大名としての出発は、極めて恵まれたものであったと言ってよい。

ところが、残念なるかな、この忠義が極めて暗愚であったらしい。滅亡した家のことは、実際以上に悪く伝えられるものだから、必ずしもすべてをそのままには信用し難いが、『房総軍記』『里見代々記』『房総里見記』などには、いずれも忠義の乱行《らんぎょう》が記されている。

里見家には、先代以来の老臣正木大膳亮をはじめ、堀江能登守、板倉大炊助などがいたのであるが、忠義は、成り上りの家臣印藤采女《うねめ》をもっぱら重用した。

印藤ははじめ微禄の士であったが、逐次加増されて、慶長十五年頃には三百六石を与えられて寺社奉行に任ぜられた。一説にはこの後、千石を与えられて新家老役を仰せつけられたとも言う。

忠義の乱行、暴政は、ほとんどすべて、この印藤采女なる佞奸《ねいかん》邪智の家臣にすすめられてやったことになっているが、果して事実であるか。むしろ忠義自身の責に帰すべき点が多いのではなかろうかと思われるが、伝えられているままに、その若干を記しておく。

あるとき忠義は家臣一同を集め、

「国内で無用徒食の徒は乞食《こじき》である。諸政倹約の第一歩として、領内の乞食の類を召捕り、刀の試斬《ためしぎ》りに用いるがよい。ただし、この事が知れ渡ると他領に逃げてゆくかも知れぬから、不意を襲って一斉に召捕るがよかろう」

と、言い出した。黒田源左衛門なる男が末座から進み出て、

「太閤秀吉公はかつて乞食の輩《やから》に隠密《おんみつ》の役を申付け、度々の戦功を立てられたと承《うけたまわ》っております。乞食とても必ずしも無用の徒とは申せませぬ。まして彼らも同じ人のうち、無益の殺生《せっしょう》はお取止め願わしく」

と諫言《かんげん》する。忠義大いに怒って、

「余が国家のため倹約を行って粮米《ろうまい》を貯《たくわ》えようとするに、汝《なんじ》は反対致すか、まして、乞食も同じ人のうちとは、乞食と余とを同列に並ぶる無礼の一言、手打にも致すべき奴《やつ》なれど、譜代の身分故、一命だけは助けて永の暇《いとま》を与うるぞ」

と、源左衛門を追放してしまった上、買物奉行の南条角右衛門に命じて、広く太刀や槍《やり》などを買取らせ、これを百騎組の連中に渡して、領内の乞食の試斬りを行わせた。

三十余日の間に、長須賀、正木浦の二カ所において、老若男女三百七十五人を殺したと言われている。

老臣たちが涙を流して諫《いさ》めたが用いず、かえって出仕を差しとめた上、

――主に向かって諫言するものが多いのは、主の威権が軽いためだ。今後、主の威権を絶対的にする方法はないものか。

と考え、愕《おどろ》くべき児戯に類する事をやってのけた。

家中の面々を集めておいて、傍に大水鉢と藁箒《わらぼうき》とを備えておき、家老、番頭、中老、寺社奉行、武具奉行、地方《じかた》、浦方《うらかた》両奉行以下を順次に呼び出し、近習の者に申付け、藁箒を水鉢の水に浸して、これを諸士の顔面にふりかけさせたのである。

皆が、憤るよりもまず呆《あき》れ返って、一言もなく退出してゆくと、忠義は、

——わしの威光に怖《おそ》れて、何をされても一言も言う奴はおらぬ。

と、至極満足の態であったと言う。こうなるとまず、早発性痴呆症とでも称するほかはない。

また、印藤采女の若党頭の石黒平次兵衛と言う者が、大手先の曲り角で百騎組の番士小隈市右衛門とつき当った。市右衛門は相手が悪いとみてそのまま行き過ぎようとすると、平次兵衛はいきなり背後から斬りつけて、殺してしまったが、忠義は采女の報告をそのまま信用して、市右衛門の家を絶家とし、平次兵衛を士分に取立てて五十石を与えた。

北条町の鶴ヶ谷八幡宮に先祖の義実が奉納しておいた宝剣を取り戻してしまったのも、印藤のすすめによると言う。

こうした有様を見て、里見家の将来に見切りをつけて、暇を乞うて城下を去る侍も少なくなかった。

江戸に間近いところでこんな暴政を行っていては、幕府に眼をつけられるのは当然のことである。

慶長十八年十月一日、忠義の伯父里見讃岐守義高が、「奉公向き懈怠《けたい》多し」と言う理由で、上州板鼻一万石を没収されたのは、里見家滅亡への第一歩であった。

翌十九年一月二十日、大久保忠隣が改易に遭った時、里見家の運命はすでに決定していたと言ってよい。

同年九月九日、忠義は重陽《ちょうよう》の賀を申し述べるため登城しようとしていると、将軍家から使者が来て、国替の趣《おもむき》を申渡され、大久保仙勝丸のもとにしばらく蟄居《ちっきょ》せよと命じられた。

やがて、幕府の公式の沙汰《さた》として、

——安房国を召上げられ、鹿島領三万石の替地として伯耆《ほうき》の国において三万石を賜わり、倉吉に住せしむ。

と通達された。

国替とは名のみで、実質上廃絶配流《はいる》に等しい。重臣正木大膳亮らは、幕府に対して種々陳弁したが、取り上げられない。ついに大膳亮は駿府まで赴いて家康に哀訴した。同族の正木左近大夫頼忠の娘が家康の侍女となっていたので、その縁を辿《たど》ったのだ。

家康からは、とにかく、替地の伯耆国へ至急赴けと言う命が下ったので、大膳亮もっいにあきらめて、忠義と共に、伯耆国に下り、倉吉に住んだ。三万石とは名目だけで実際には三万石の大名の待遇は与えられなかったらしい。

更に元和三年（一六一七）、池田新太郎少将光政が姫路から鳥取城に移り、因幡《いなば》、伯耆両州で三十二万石を領するようになると、忠義は、名目的な倉吉三万石さえ召上げられ、

——追って替地を賜わる。

と言うことで、同国田中に移されて百人扶持《ぶち》を給せられたが、そのままついに替地は賜わらず、その地で死亡した。

里見家改易の原因としては、『廃絶録』には三つがあげられている。

その一は、大久保忠隣に加担したこと、

その二は、城郭を修理し要害を構えたこと、

その三は、過分に浪人を召抱えたこと、

『管窺《かんき》武鑑』及び『藩翰譜《はんかんぷ》』も同じである。『藩翰譜』では、やや敷衍《ふえん》して、

——忠義の罪三条、一つには相模守忠隣の許へ米穀足軽の兵を合力して公儀を蔑《ないがし》ろにし、二つには城を修し或は道を作り或は川を深くし、要害を構へて憲法（武家諸法度）

を犯す、三つには家人を養ふことおのが分に過ぎぬ。既に公儀を蔑如《べつじょ》し憲法を犯す上に、私の謀《はかりごと》ある故かと云々《うんぬん》。

この三カ条のうち、第一の点は、大久保忠隣の改易事件そのものを述べなければ解《わか》らないから、次項にゆずり、第二と第三について一応検討してみよう。

第二の城郭を修補し要害を構えたと言うのは、多少の事実があった。

忠義の居城である館山城は、先代義康が天正十六年（一五八八）に起工し、同十八年完成したが、それに多少の修補を加える必要があったらしい。もちろん、謀叛《むほん》の下心があってなどと言うのは、とんでもない言いがかりである。

要害を構えたと言うのは、城の東南にある鹿島堀を掘ったことを指したものであるが、これは先代義康の頃に掘ったもので、忠義には関係はない。川を深くしと言うのは、忠義の時代に潮入川の浚渫《しゅんせつ》を行ったことを指す。しかし、川を浚渫したり道を作ったりするのは、領民の便利のためであり、これを「私の謀ある故」などと言うのは全く見当違いである。

第三の浪人の召抱えが多過ぎ、家臣の数が領国に比して多すぎると言うのは、事実である。十代百七十年にわたる名族であるし、第七代の義弘の時代には房総三国に跨《また》がる大領地をもっていたのだから、後に削減されても、家臣を急に減らす訳にはゆかなかったのだ。

要するに、第二の理由も第三のそれも、単なる口実に過ぎない。根本原因は、外様《とざま》大名はできるだけ潰《つぶ》してしまいたいと言う幕府の政策にある。忠義の政治が乱れていることは、それだけで国替か減封の理由になり得たが、たまたま、忠義と姻戚関係に当る大久保忠隣の事件が起ったので、これ幸いと、これに便乗させて、里見家取潰しを強行したものと言うほかはない。

大久保忠隣改易の事件があったとしても、忠義が平素国内に善政を施《し》いて、幕府から因縁をつけられぬようにし、また、事件直後、その累を受けぬように巧妙に立廻っていたならば、少なくも滅亡は免れ得たのではないかと思われるが、この前後における里見家のやり方はいかにも拙劣であった。

慶長十九年正月、大久保家改易の直前、家康は葛西の野で鷹狩《たかがり》を行い、上総の東金に数日間滞在した。佐倉城主土井利勝は、毎年飛脚に命じて生魚を家康の食膳に供したし、大多喜城主本多出雲守忠朝《ただとも》は、狩場まで魚類を持って行って献上しているが、至近距離にある里見氏の館山城からは、何の献上物もなく、挨拶《あいさつ》にさえ罷《まか》り出るものがなかった。

外交の拙劣愕《おどろ》くべきものがある。

家康は十八日、東金から江戸に帰り、翌々二十日、忠隣の改易を命じた。この時の忠義の行動が、家康にとって不快であったことは容易に推測し得る。

大久保忠隣の改易は、大久保長安《ながやす》事件と関連があり、それ自体独立の解説を要するほどの事件であるが、ここでは里見家改易と関連して簡単に述べておく。

まず順序として、大久保長安について話さねばならぬ。この男は、もともと武田家の猿楽師であったが、計数の術にたけていたため家康に重用され、徳川氏のために全国金銀諸鉱山の総支配役となり、累進して執政加判《かはん》に列した。

はじめ大蔵太夫と名乗っていたが、家康は大久保忠隣に命じてその苗字《みようじ》を与えさせ、大久保石見守長安と名乗らせた。

家康はかねて鉱山開発による富の獲得を考えていたが、たまたまその希望にかなう案を出したのが、この大久保長安である。

『岩淵夜話別集』によれば、家康が江戸にいた頃、上方から四座の猿楽共が下ってきたので、城中で能興行を行い、旗本たちに見物させた。その後、能役者たちは代る代る城

に詰めて家康の話対手《あいて》になっていたが、あるとき家康が、

「当時日本において、毛利輝元とこの家康とが最も多く国を持っているが、金銀と言うものは、その自分でも容易に貯えられないものだ。金銀を貯えようとすれば蔵入りを多くせねばならず、自分の蔵入りばかり多くすれば、家臣を多く持つことができぬ。家臣が少なければ合戦に勝てぬ。何とかして、家臣も金銀も両方とも多く持つ方法はないものかの」

と、冗談半分に述懐した。その時、末座にいた金春座の大蔵太夫が、この話を聞き、翌日、当時の奉行の一人である青山忠成《ただなり》の宅に赴き、家康に申上げたき事ありと願い出た。

青山が大蔵太夫を連れて、家康の前に出ると、大蔵太夫は、

「前夜のお話はまことに御尤《ごもっとも》でございますが、必ずしも不可能ではございませぬ。御領分の内の山々を吟味致せば、金銀銅鉄鉛などの出る山が必ずございましょう。巧者の山師、金掘《かねほり》を呼び集めて掘らせてみては如何《いかが》でございましょう。私は上方にて、金山掘りの巧者の話を聞いたことがございます」

と言う。家康が、

「どうだ、お前一つ能役者をやめて、金掘奉行になってみないか」

とすすめると、大蔵太夫もその気になり、家の業を弟子に譲り、国々の山師を集めて伊豆の山に採鉱に出かけてゆき、ついに金山を掘り当てたので、家康は大いに悦《よろこ》んで、石見守に任じ八王子に知行を与えた。

その後、伊豆に限らず各地で金山を見立てて採鉱を試み、佐渡へも渡って金山の仕置《しおき》をするようになったと言う。

長安の最盛時における権勢はすこぶる強大で、その生活も豪奢《ごうしや》を極めた。『当代記』によれば、

――石見守在世中、慶長六年から十八年まで十三年間毎年、佐渡国石見国の諸金山へ年に一度宛《ずつ》上下したるが、その路次中の行儀は夥《おびただ》しく、召遣ひの上﨟《じようろう》女房七八十人、その使用人を合せて二百五十人、泊り泊りの宿は何れも代官所なりければ、家々思ふ様に作り並べたり。その他、伝馬《てんま》人足以下数を知らず、ひとへに天人の如く凡夫の及ぶ処にあらず。これによつて諸国下民町人その費用あげて数ふべからず。又、朝夕の食事も同じくその町々の者これをつとめ、ただこれがために迷惑す。日本一のおごり者なれども、ならびなき出頭人にて、誰もその様子を（大御所へ）申し上げず。

とある。

この石見守が慶長十八年四月二十五日、駿府において、六十五歳で死亡した。彼の死骸を金棺に入れ、領地である甲州へ送って盛大な葬儀を行おうとしている時、家康から、差止めの命令が下った。

これは本多正信の入智慧《いれぢえ》であろうが、長安の罪悪露見の直接原因は、その末期に当って多くの妾どもに金銀を分配するよう遺言したのが、嫡子の藤十郎がそれを実行しなかったため、妾共が訴え出たためであると言う。

長安の遺産を検《あらた》めてみると、諸国よりとり集めた金銀およそ五千貫余。その他金銀で拵《こしら》えた道具無数。茶碗、天目、茶具、印籠《いんろう》、香合、茶釜、風炉《ふろ》、燭台、手水盥《ちょうずだらい》、手巾掛《しゅきんかけ》、香盆、鏡台、櫛箱、油桶《ゆとう》、手箱、三味線、煙管《きせる》その他、いずれも金銀二通りが拵えてあった。

『諸家深秘録』によると、最も重要視されたのは、寝間の床の下から発見された二重の石櫃《いしびつ》の中にあった梨子地《なしじ》蒔絵《まきえ》の箱であり、その中に異国に日本から渡した宝物の目録と、日本を攻略させる旨の密謀書、並びに日本の諸大名や旗本諸士の一味連判状がはいっていたと言うが、これは眉唾《まゆつば》ものである。

長安は小才子で、欲の深い色好みの男ではあったが、とても謀叛を図るような器量も度胸もある人物ではない。

いずれにしても官物を私腹し、賄賂《まいない》を受け、奢侈《しやし》を尽したことは明白である。長安の子息藤十郎、同弟外記、権之佐、雲十郎、内膳らすべて切腹仰せつけられた。下役人三十余名も打首獄門となる。

家康は長安を非常に信用していただけに、その怒りは甚だしかったらしい。長安の身元引受人とも言うべき、大久保忠隣に対しても、その憤りは少なからずあった。

——忠隣が長安の暴状を知らぬはずはない。知っていたのならば、何故早くこれを告げなかったのか。忠隣は長安の国用私腹の一半を懐中に入れていたのではないか。

そうした疑いさえかけられたらしい。

この機会を利用したのが、忠隣の政敵本多正信である。

大久保忠隣と本多正信とは、関ヶ原役の時、秀忠に従って中山道《なかせんどう》を進み、伊勢崎城を攻め落としたが、その際、大久保の麾下《きか》が軍法に背いたとして本多がこれを処罰しようとした事件があり、爾来《じらい》両者は互いに憎み合ったと伝えられているが、両者確執の真の原因は、性格の全く違う両人が、同時に徳川氏の執事として並存することの困難さにこそ在ったのであろう。

忠隣の失脚は、しかし、必ずしも本多正信の讒言《ざんげん》ばかりが原因ではない。彼自身にも不謹慎な点が多少あった。

『大久保家記別集』『当代記』『慶長年録』『続本朝通鑑《つがん》』『徳川実紀』などに散見する忠隣失脚の原因を列挙すれば、次のごとくである。

忠隣は台閣の権勢者として自ら頼むところがあったためか、政務に精励すると言う点では、本多正信より遥《はる》かにルーズだった。

嫡子の忠常が小田原で病気にかかると、看病と称して小田原に帰り、三カ年にわたって江戸城にはろくに登城もしなかった。

この忠常が慶長十六年死去すると、弔問のため、小田原に馳せつけるもの数百人、それも上司へ届出る隙《いとま》もなく勝手に江戸を離れたものが多く、御咎《とが》めを受けて閉門を仰せつかった者が多かった。

忠常は部屋住の身でありながら二万石を賜わり、従五位下、加賀守に任ぜられていたし、その室は奥平信昌と家康の長女御亀の方（加納殿）の娘であるから、家康にとって外孫に当る訳である。忠隣もこの忠常を非常に愛していたらしく、忠常が死ぬと、がっかりして、ますます勤めぶりが怠惰になったと言う。

慶長十八年十二月六日、家康が江戸から駿府に戻ろうとする時、相州中原で、馬場八左衛門なるものが目安《めやす》を奉って忠隣を訴えた。

訴えの内容は、忠隣が大坂城の片桐且元《かつもと》らと通じ、上方諸大名と親しんで非望を企《たくら》んでいると言うのである。忠隣が且元と親しくしていたのは事実である。且元の甥《おい》石見守貞昌の妻は、忠隣の娘なのだ。しかしこの縁談は、家康の命によって取り行ったもので、家康はこれによって且元を自家薬籠中のものとしたのであり、訴状が全くでたらめである事は明白である。

忠隣は幕府の権勢者であり、大小名はいずれもこれに親近しようとして、音信《いんしん》、贈物、使者をおくり、忠隣もまた、諸大名やその使者たちに大盤《おおばん》振舞いをした。そのために必要であった経費が、大久保長安の手から出たため、彼は長安の奢侈に眼をつむっていたのだとも言われている。

忠隣の養女は、山口重政の子重信と結婚したが、その際、幕府の内意を伺わなかったので、慶長十八年正月八日、山口重政は改易せられた。忠隣は、いろいろ弁解し、

――右の祝言の段、初め少々申上候。

と主張したが、秀忠は聞き入れないので、大いに憤った忠隣は、正月十五日の式日にも登城せず、病と称して引き籠《こも》ってしまった。

このほか、小田原石垣山の北西に当って、空濠《からぼり》を掘らせたり、房州の里見家と御制禁を守らずに海上交通をつづけていた、などと言う点を挙げられている。

だが、根本原因はやはり、長安事件について家康の心証をひどく害したことと、それに乗じて本多正信が家康に進言したためだとみてよい。

忠隣の処分を決意した家康は、彼が幕府の大立者である点を考慮した慎重な手を打った。慶長十八年十二月二十五日、忠隣を城に召出し、

――京に上って、耶蘇《やそ》宗門をきびしく制禁申しつくべし。

と命じ、忠隣をその領国から遠く引き離しておいてから、翌十九年正月二十日、本多正信に、忠隣改易の件を布告させたのである。

理由としては、忠隣が幕府の内諾を得ずに養女を山口重政の子重信に嫁せしめたと言う、一年も前の事件があげられた。

京に上って、切支丹の寺を破却したり、教徒を捕えたり、忠実に命令を実行していた

忠隣に、所司代板倉伊賀守勝重から、

——小田原五万石を収公し、彦根に蟄居《ちっきょ》せしむ。

と言う幕命が伝えられた。

忠隣は観念して彦根に下り、井伊家の監督下に賄料《まかないりょう》四万石を受け、幽囚十五年の後、寛永五年六月、七十六歳で死亡した。

大久保一族の本多一族に対する憤恨は、すこぶる強烈なものがあったに違いない。

後に大久保忠教（彦左衛門）は、『三河物語』の中で、本多正信をくそみそにこき下ろし、正信が忠隣失脚後三年のうちに顔に唐瘡《とうそう》が出来て片顔くずれて死亡し、正信の悴《せがれ》正純が改易にあって、秋田に流されたのは、まさに因果応報だとあざけっている。

正信が忠隣を罠《わな》にかけて、秀忠との間をさいたと言う説は当時かなり信じられていたらしい。

『武家事紀』には、

——忠隣が滅亡は正信が讒佞《ざんねい》に出《い》づ。

と明記して、次の挿話をかかげている。

正信はあるとき、忠隣に向かって、

「あなたのような重臣が、重大な用件もない時に、将軍家の近くにいつも伺候《しこう》しておられると、将軍家は内心、御窮屈に思われるようです。上様がそんなことをお洩《も》らしになっておられました。少しお控えになった方がよいのではないでしょうか」

と、いかにも忠隣のためを思うように言ったので、正直な忠隣はそれを真に受けて、勤仕をゆるやかにしたため、秀忠は、

「忠隣は妙に、余から遠ざかるようにしておるのう」

と、しばしば不満を述べた。すると、正信は、

「心の奢《おご》りと申すものは何人も免れぬところでございます。大久保の近頃を見ますと、まるで上様と同じような様子を見せております。そのためか、駿府の大御所様でさえ、この頃は何となく、もとのようには御快く思うていらっしゃらない御様子でございます」

と言上したので、秀忠はようやく忠隣を疎《うと》むようになったと言う。

これが事実とすれば、正信と言う男はまさしく佞奸邪智と言う事になるが、真偽の程は分らない。

いずれにせよ、忠隣が改易になると、縁につながる里見家も連坐した。

しかしその理由の第一は前述のごとく、忠隣の反逆を助けたと言うのだ。忠隣自身に反逆の事実なぞ全くないのであるから、これはどうみても単なる口実に過ぎない。畢竟《ひっきょう》、大坂攻略を目前に控えて、外様大名に対して、十分に威信を示して恐怖せしめておこうとした幕府の政策の犠牲になったのであり、それだけの隙が里見忠義の方にもあったのだと言うほかはない。

里見家は、こうして義実以来十代百七十年にわたる安房の領国を喪《うしな》った。

九月九日改易の命下ると共に、城請取りの役として、内藤左馬介政長、本多出雲守忠朝が進発した。

弓矢の名家として久しく聞こえた里見家であるから、家臣たちが果して素直に引渡すか否かの心配もあったのであろう。『当代記』には「安房守家老之者、もし難渋に及び城に拘《こだわ》らば、責め殺すべきつもりにて」、請取りの上使は開戦の用意を整えて行ったと言う。

だが、いざとなると、武士もいくじがないもの、誰一人、上使に抗しようと言うものもなく、われ先にと城を落ちて行った。

館山城は、わずか十数日で破却されてしまった。

伯耆に配流《はいる》された忠義に附いていったのは、伯父に当る家老正木大膳亮、堀江能登守、板倉大炊助、印藤采女以下家士小姓など少数のものだけである。三万石と言うのが名目だけであったからだ。

印藤采女が最後まで扈従《こじゅう》し、他の者がこれを容認していたところを見ると、印藤が奸臣第一号だったと言うのは、少し信用できないようでもある。

忠義の一行は、はじめ倉吉の神坂に居住し、池田光政が伯耆を領するようになってから、前述のごとく、田中に移され、その後、更に堀村に移され、ここで忠義は死んだ。年齢二十九歳。配所にあること九年、八名の従士が殉死しているのは意外である。

忠義の夫人は、忠義が伯耆に移ってから、江戸代官町の大久保仙勝丸（忠職《ただもと》）の屋敷に住み、扶持米三百俵を賜わった。

大久保家は忠隣改易の際に、特に忠常の子である上記の仙勝丸（当時十一歳）に二万石を与えられた。後次第に加増されて、寛永九年（一六三二）美濃国で五万石、寛永十六年播州明石で七万石、慶安二年（一六四九）には肥前唐津で八万三千石を与えられている。

一方、忠義は改易当時、四歳の女子があっただけなので「子なくして嗣絶えたり」と言うことになっているが、配流の後、側室に三人の男子が生れている。その中の一人は将軍家光に召出され、百五十俵を与えられて旗本に列した。

忠義の伯父に当る重臣正木大膳亮の行動については、多少疑問がある。重臣であり、親族である以上、忠義に対して、事ここに及ばない以前にもっと手をつくす余地があったのではないかと思われるが、『伯耆民談記』その他によると、忠義と大膳亮とはすこぶる不和であったと言う。

大膳亮は、改易に当って幕府に陳弁哀訴したし、また、配所まで忠義に扈従した事は既述のごとくであるが、それは必ずしも忠義に対する愛情や忠誠心からではなかったらしい。

忠義が死んだ時もこの男は殉死はしなかったし、その後間もなく、将軍秀忠の内命によって江戸に召還され、後に池田新太郎光政に預けられ、寛永七年死亡した。

いずれにしても、正木大膳亮のやり方が悪かったために、忠義が国を喪ったのだと明記しているものもあるくらいだから、何か事情があったに違いない。

忠義の愚行は覆いがたいとしても、領民に対する誅求《ちゆうきゆう》が特に甚だしかったとか、女色に耽《ふけ》って乱暴したとか言う事実はないのだから、輔弼《ほひつ》に人を得れば、あるいは悲運は避け得たかも知れないのである。

忠義と言う男は、その配所の死にも八名の殉死者があったことや、また、港済寺の霊《れい》巌《がん》上人が西国巡錫《じゅんしゃく》の途中、わざわざ伯耆国田中に忠義を訪れ、忠義を慰めているところをみると、妙な人望もあったらしい。

忠義の遺骸は倉吉の大岳院に葬られたが、忠義の石塔と並べて立てられた大膳亮の墓は、たびたび崩壊した。そこで、それを少し後に退けて建てたところ、崩れないようになったと言う説もある。両者の生前に大膳亮が、年少の主君忠義に対して多少礼を欠くところがあり、不和であったことを示す所伝ではなかろうか。

里見家の改易に関連して、お定まりの怪談めいたものがかなり多く伝わっているが、その中の二、三を附記しておく。

忠義が印藤采女にすすめられて、鶴ヶ谷八幡宮の宝剣を取り返させた時、命を受けた真田瀬兵衛と言う者が、神庫の扉を開いて、宝剣を取り出そうとすると、社殿鳴動してやまず、真田は怖《おそ》れをなして逃げ帰ったが、その後も数日にわたって鳴動が止《や》まない。忠義も怖くなったものか、八幡宮や安房大神宮をはじめ、各社に祈禱《きとう》を行い、大神宮社殿の造営を始めたが、改易のため、果さなかったと言う。

また、慶長十九年六月半ば頃、お城の外堀の真中の、深さ二丈もある所に、一夜のうちに稲が一株生い出た。そして二十日ばかりのうちに大きな穂が二十本余りも出て、七月二十日過ぎまであったが、ある日忽然《こつぜん》として消失したので、人々はただ事ならずと危ぶみ怖れたが、間もなく改易の命が下った。

また、忠義は普請奉行横山将監《しょうげん》に命じて、久我の畑の中に一寺を建立させた。日ならずして大伽藍《がらん》が竣工《しゅんこう》したので、忠義は大いに悦《よろこ》び、住職に順閨房を迎え、寺号を大巌院と名づけ、慶長十九年六月二十日、盛んな入仏式を行った。

ところが、この法会《ほうえ》の最中に本尊如来が突然倒れ、しかもそれが館山城の方向に向かっていたので、満座の衆僧も参詣《さんけい》の士女も色を喪った。順閨房は慌てて本尊を元の座に直し、これは里見家の威勢に仏体までが感じ給うたのだ、とごま化して辛うじて入仏式を終ったが、人々いずれも不吉の事と噂《うわさ》し合った。

このほか、正月元旦の朝の祝に、表座敷の盃台が、風もなく人も触れないのにバラバラに砕けてしまったり、厨房の大釜が呻《うな》り吼《ほ》えたり、十一日の具足祝いの当日、座敷の大火鉢の炭火の中に赤い菌《きのこ》が三つ生い出たとか言う妄誕《もうたん》の巷説《こうせつ》は無数に残っている。

なお、里見氏の旧領地は、勝山二万一千石が幕府の宿老内藤若狭守清次に与えられ、その他は幕府の直轄地とされた。

松平上総介忠輝

家康が天下を取ってそれを永く子孫に伝えることの出来た理由の一つは、彼が多くの男子を持ち、しかもそれらが大体出来のいい連中であったことである。

凡庸な悴《せがれ》ばかり持った信長や、子運に恵まれなかった秀吉に比べて、この点、家康は何といっても好運であったといってよい。

家康の悴を並べてみると、信康、秀康、秀忠、忠吉、信吉、忠輝、松千代、仙千代、義直、頼宣《よりのぶ》、頼房の十一人に上る。このほかに公の娘が四人いた。

信康はいうまでもなく、岡崎三郎の名で知られている悲劇の主人公で、家康の正室築《つき》山殿《やまどの》の生んだものである。

才略無双、親勝りともいわれているし、傲岸《ごうがん》粗暴、人心を喪《うしな》ったともいわれているが、信長の忌諱《きい》にふれて、自害させられた。

次男の秀康は、側室永見氏の生んだ庶子。天正十二年（一五八四）、秀吉の養子となり羽柴姓を名乗った。同十八年、秀吉の命によって結城氏を嗣《つ》ぐ。関ヶ原役後越前六十八万石を領したが、慶長十二年（一六〇七）四月、三十四歳の若さで病死した。

秀康もまた、兄、信康に似て、すこぶる豪雄俊敏、家康でさえこれを御するのにしばしば手こずったという。

秀忠は、家康の側室西郷氏の生むところ、二人の兄とは違って穏健重厚、多少融通は利かないが、危な気がない。家康の後を嗣いで第二代将軍になった。

その室は淀君の妹である。彼女は秀忠の正室になる前に、佐治一成、織田秀勝、九条道房の三人に次々に嫁しているから、秀忠は、四度目の良人になる訳だ。にもかかわらず、秀忠はこの妻君を、非常に大切にして七人の子女を生ませ、ほとんど女遊びもせず、一生その尻《しり》の下に敷かれ通した。戦国には、珍しい恐妻武将である。

忠吉は、秀忠と同腹の子、関ヶ原役に強兵を以て鳴る島津義弘の軍と遭遇し、力戦して松井三郎兵衛を討ち取り、さすが鷹《たか》の子は鷹の子よ、と賞讃された。

薩摩守を名乗り、清洲城に在って尾州五十二万石を領したが、慶長十二年三月、わずか二十八歳で死んだ。

信吉は、側室下山殿の生むところ、初め外戚武田氏を名乗り万千代と称したが、後、松平七郎信吉と改め、常陸国水戸にあって十五万石を領したが、生来多病であったらしく、慶長八年、二十一歳で歿した。

忠輝は、於茶阿《おさあ》の方が生んだ、家康の第六子である。信康、秀康タイプの男だが、この男については、後に詳述する。

第七子松千代、第八子仙千代は早世。

義直が第九子である。物心がついた時には、家康はすでに将軍になっていたから、ほとんど何の苦労もしていない。兄忠吉の死後、尾張領を貰《もら》い、六十万石。名古屋城を築いて、その城主となった。御三家の一、尾張徳川家の初代である。

頼宣は、第十子。二歳の時、兄信吉が死んだので水戸の城主となった。後、駿遠両国五十万石を賜わる。

大坂の陣に先陣に間に合わず口惜しがった時、松平正綱が、

——未だ御年若き故、今後の機会もあるべし、
と慰めると、

——頼宣の十四歳が二度とあると思うか、
と叱咤《しった》したという話は周知のところであろう。

元和五年（一六一九）、紀州和歌山城に移り五十五万石を領して、御三家の一、紀州徳川家の初代となった。

頼房は末子である。慶長十四年、頼宣が駿遠に移った後を受けて、常陸国二十八万石を領して、水戸の城主となった。御三家の一である水戸徳川家の初代である。

以上、家康の男児をみてくると、早世した二人を除いた九人は、ほぼ二つの型に分けることが出来る。

第一は、信康、秀康、忠輝、そしておそらくは頼宣をもこれに加えることが出来よう。戦国武将としての武略と豪毅《ごうき》と俊敏とを兼ね合せたタイプである。が、同時に、己れを恃《たの》む心強く、我儘《わがまま》でややもすれば父親からさえも手に負えぬ悍馬《かんば》として敬遠される。頼宣は、どうやらその鋭鋒《えいほう》を納めて生涯を終えたが、これは戦国すでに終結した時世が然《しか》らしめたのであった。この男が、戦国に生れていたら、やはり一騒動起したのではないかと思われる。

第二型は、秀忠を典型とする忠吉、信吉、義直、頼房のグループである。このうち、忠吉は、あるいは多少、第一型的性質を持っていたかも知れぬ。

いずれも概して温厚、父兄に柔順な良い悴だが、家康の悴という背景をとり去って、裸で放り出したら、果してどれだけのものになったか。まずは親の光で、一人前の顔が出来た部類であろう。

忠輝は、生れながらにして、父家康に愛されなかった。

——色きわめて黒く眥《まなじり》さかさまに裂けて恐ろしげなれば、徳川殿、憎ませ給ひて、捨てよと仰せあり。

と、『藩翰譜《はんかんぷ》』にも明記されている。

家康という男は、多くの女に手をつけて子を生ませながら、相当非情なことを平然とやってのけた男らしい。

忠輝の兄、秀康も、初めは家康が実子と認めず、本多作左衛門がひそかに養育した。生れつき形相恐ろしく、ぎぎという魚のような顔をしていたので於義《おぎ》丸と名づけられたというが、自分の生ました倅が不器量だからといって、嫌悪するというのは随分無茶な話である。於義丸が三歳になった時、兄の岡崎三郎信康が、むりやりに父家康と対面

忠輝の場合も、家康に捨ててしまえとまでいわれたのだが、皆川山城守広照が可哀そ

現在の父親に、こんな取扱いをされた悴が、父というもの、世の中というものに対して、素直な気持を持てなくなるのは当然であろう。

文禄二年（一五九三）、家康の妹婿に当る松平源七郎康忠が死去し、後嗣《あとつぎ》がなかったので、皆川山城守は、家康に願い出て、忠輝にその家を嗣がしめた。

慶長七年、上総介を名乗り、下総佐倉四万石を与えられ、翌八年、信州川中島に移って十八万石を受けた。

同十年、四位の少将となり、十一年、伊達政宗の娘を迎えて正室とした。

この頃が忠輝にとっては最も順境であったらしい。もっとも、

——介《すけ》殿（忠輝）、御年さかりにならせ給ふほどに、あらあらしき御振舞のみ多くして、国中の上下、悉《ことごと》く歎き苦しむ。古き者共、諫《いさ》め参らすれども、用ひ給はず。

と伝えられているが、その乱行の内容は、明細ではない。

ただ、花井三九郎という家臣を寵愛《ちょうあい》し過ぎたというくらいのことだ。

元来、この三九郎は、家康に仕えていたのだが、舞いの名手で小鼓をよくした。家康は忠輝の粗暴な性質を柔らげるつもりで、この三九郎を忠輝に付け、舞いを教えさせたのである。のみならず、忠輝を生んだ於茶阿の方が、家康の妾になる前に儲《もう》けた娘を、三九郎の妻として与えた。

従って忠輝と三九郎の妻とは、異父姉弟という訳になる。

花井三九郎は、遠江守を名乗り、忠輝の側近として、並びなき威権をほしいままにするようになった。

こうなると忠輝擁立の大功労者である皆川山城守が、甚だ面白く思わないのは当然である。

山城守は忠輝にとっては、いわば恩人でもあり、養い親でもある。信州飯山に四万石を与えられて、忠輝の後見役のような地位にいた。

忠輝が三九郎を偏愛しているため、家中の不満の者は、いずれも山城守のところに行ってさまざまに言い立てる。

いずれも自分の立場を擁護するため、真偽相半ばする。本当のところはどちらが正しいともいえないようなことであったろう。

山城守は、かねて、忠輝を世に出したのは自分だという自負を持っているし、その忠輝がだんだん自分の言うことを聞かなくなってきたのに憤慨している。

忠輝の家臣、山田長門守、松平讃岐守らと共に、忠輝に面謁して強硬に諫言《かんげん》をした。

この時、忠輝との間には、相当に激しい言葉が交わされたらしい。

激憤した山城守は、ついに、山田、松平の両人と共に、駿河に上って家康に直訴したが、その内容は、忠輝自身を悪くいうよりも、花井三九郎を弾劾するという形であった。

山城守としては、自分の育て上げた忠輝その人をけなす訳には行かないからである。

家康は、

——花井には、忠輝に小鼓や謡など教えよと命じはしたが、国の政治まで関与せよと言った覚えはない。誰の許しを得て左様な出過ぎたことをするか、奇怪な奴《やつ》、速やかに召しよせて、きっと糾問せよ。

と命ずる。

この旨を伝えられると、忠輝は、愛臣三九郎のために、大活躍をし、あらゆる手を打った。

生母於茶阿の方はもちろん、家康の愛妾《あいしょう》、西郷殿、下山殿から天海僧正にまで手を廻し、自らも駿府へ馳《は》せつけて、家康に面謁して三九郎のために弁疏《べんそ》した。

忠輝のいい分は、

——山城守、おのれの旧功を恃んで、ややもすれば勝手な振舞い多く、家中の山田、松平らもこれと結んでしばしば主をないがしろにしております。三九郎、専恣《せんし》などとは全く根も葉もなきこと、忠輝が自ら政事をとるに、何とて三九郎ごときに威幅を振わせましょうや、これ悉く、皆川山城守らが、己れの専権を制せられたのを恨んで讒訴《ざんそ》申したに過ぎませぬ。

というのである。

真の事情はおそらく、忠輝のいい分の方に近かったのであろう。

家康の下した裁断は、完全に忠輝の勝利であった。

すなわち、山田長門、松平讃岐の両人は、主を讒《ざん》した不忠の臣として誅殺《ちゅうさつ》され、皆川山城守も同じ運命に遭うべきところ、特に旧功を考えて死一等を減じ、所領没収の上、流罪に処せられたのである。

余り忠輝を愛していたとは思われぬ家康が、山城守らに対してこの苛酷《かこく》とも思われる処罰をしたところを見ると、やはり皆川らの方に、行き過ぎた点があったとしか思われない。

しかも、この裁断のあった翌慶長十五年二月、忠輝が越後六十万石（後七十五万石）を与えられて、高田城に移ったのを見れば、なおのこと、そう考えられる。花井三九郎に対しては、何の処罰も与えられなかった。

越後の国主としての忠輝は、かなりの治績を上げている。前領主堀忠俊は、上杉氏の遺法を悉く廃棄したため、領民大いに恨んで国内治まらず、堀家も家臣の騒擾《そうじょう》に捲《ま》き込まれて、領国を没収された。忠輝は、上杉氏の遺制を再興して人心を懐柔したので、領民も次第に、徳川の新政に服するようになった。

忠輝ははじめ、堀氏の旧地福島城に入ったのであるが、新たに城を築くことを企図し、福島の南二里の地菩提ヶ原を選んで、家康に築城を願い出た。

築城による諸大名の財力消耗は、家康の得意とする政策である。家康は前田・上杉・

蒲生・仙石・最上・佐竹・伊達・南部・真田・小笠原・村上らの諸大名に命じて、広大な高田城を建設せしめた。

しかし、家康は、忠輝の行状を警戒する意向から松平大隅守重勝を三条の城主、松平筑後守を糸魚川の城主として、忠輝を扶《たす》けしめ、更に、佐渡奉行大久保石見守長安も、従来通り、その財政的方面を監督した。

忠輝子飼いの臣としては、花井三九郎吉成と、その子主水正《もんどのしょう》義雄とが重用された。

この頃はいうまでもなく、大坂城にいる豊臣秀頼の処分が徳川家にとって、残された最大問題の一つであった訳だが、そのために、あらゆる種類の風評が、天下に乱れ飛んでいたらしい。

忠輝が、この風評の中に捲き込まれたのは、果して、具体的な事実があってのことか否か、今日ではもちろん、確かめることはとうてい不可能であるが、一応、記しておく。

その第一は、忠輝が、秀頼と通謀し、万一の時は大坂方に味方する代りに、勝利を得た暁には、天下を両分して、東日本を忠輝が、西日本を秀頼が治めるという密約を結んだというのである。

とうていあり得ない事とは思われるが、こんな噂の飛んだのは、忠輝が必ずしも父家康、兄秀忠に心服せず、不羈《ふき》独立の気概をもつように見えたこと、その性行も兄秀忠と違って、信康、秀康に近い驍勇《ぎようゆう》武断の俤《おもかげ》があったからであろう。

この噂は、かなり拡《ひろ》まっていたものと見えて、当時日本に来航した外国人などが、これを記述しており、

——上総介殿（忠輝）は、切支丹に理解があるから、彼が政権をとれば、布教は自由になるだろう。

と、希望的観測をしている。

忠輝が切支丹を信じていたという証拠は何もないし、布教に同情的だったという事実もない。

秀頼が政策上、切支丹に好意を寄せるような風を見せていたこと、忠輝の舅《しゆうと》に当る伊達政宗が支倉《はせくら》常長をローマ法皇のところに派遣したことなどと結びつけて臆測を逞《たくま》しくしたに過ぎないであろう。

第二は、大久保石見守の死後、流布されたことであるが、忠輝が石見守と結託して叛《はん》意《い》を抱いていたというのである。

大久保石見守は、徳川創成期の財政家として第一人者であり、家康の信任極めて厚か

ったが、その生前から私行上、非難される点が多かった。

慶長十八年四月死亡すると、その生前の醜行汚職が一斉に暴露されたのみならず、妾たちの訴えによって、寝室の床の下から二重の石櫃《いしびつ》に蔵《おさ》めた秘密の箱が掘り出された。その内部にあった文書は恐るべきもので、外国と通謀して日本を攻略させようとする計略や、この陰謀に加担した諸大名、旗本らの一味連判状があったという。

どこまで信用してよいか怪しいものだが、『諸家深秘録』や『切支丹濫觴《らんしょう》記』には、そう記されてある。

そしてその大名の筆頭にあげられていたのが、忠輝であったというのだが、これは、長安が、忠輝の財政顧問的地位にあって、佐渡金山への往復の途中、しばしば忠輝と会っていたということと結び合せて、いい出されたものに違いない。

以上のような噂は、いずれも単なる噂に止まり、確証があった訳ではないが、こうした噂の飛ぶこと自体、忠輝にとって甚だ不利であったことはいうまでもない。

少なくも、忠輝が将軍家の統御に服しない、または、将来服従しなくなるであろうような、惑星的存在として考えられていたことを示すものだといってよい。

忠輝が、この事情をよく理解して、努めて恭謙な態度に出たならば、おそらく、彼は生涯を安らかに終え、徳川親藩御三家は、彼の家を加えて四家となっていたに違いない。

しかし、この男には、それだけの狡《ずる》さも、それだけの従順さもなかった。

破局は、必然的に到来した。


慶長十九年十月、大坂冬の陣。

家康と秀忠は、軍を率いて大坂に進んだが、忠輝には江戸城に留まってこれを守ることを命じた。

忠輝が秀頼に内応することを恐れたのだともいう。蒲生忠郷・奥平家昌・内藤清次・鳥居忠政・最上家親・酒井重忠らを、忠輝のお目付役として江戸に残したのは、忠輝が江戸城に拠《よ》って叛旗を翻すことを阻止するためであったかも知れない。

秀忠は江戸出発に際して、忠輝に向かって、留守中たとえいかなることがあっても、断じて城中から出てはならぬと、固く命じて行った。

忠輝は、戦国最後の合戦ともいうべき大坂陣に加わることの出来ないのを大いに憤り、翌元和元年夏の陣が始まると、是が非でも従軍させてくれと、家康に頼み込む。

ようやくその願いがきき届けられ、大和口《やまとぐち》の総督を命じられた。

忠輝は、伊達・藤堂・丹羽・堀・水野らの諸藩兵を五軍に分って、勇躍出陣する。ところが、どういう訳か、忠輝は第五軍にあって進出最も遅れ、五月六日の大和口常明寺表の合戦にはついに間に合わなかった。

その事情は、不明である。

彼の舅に当る伊達政宗の軍が、この戦いに最も目覚ましく戦って、後藤又兵衛、薄田《すすきだ》隼人《はやと》らを討ち取っているところを見ると、忠輝の心情に疑惑を持っていた政宗が、故意に忠輝の進出を遅滞させ、自らその代りに戦ったのではなかろうかと思われる。

更に政宗は、遅ればせながら大坂城中をめがけて突入しようとした忠輝を、時すでに遅しといって、押しとどめた。

このため忠輝はせっかく従軍しながら、夏の陣に、何の功名も立てることが出来なかった。

家康、秀忠共に、甚だ不快の色を示したことはいうまでもない。

舅政宗の老婆心が、かえって仇《あだ》となった訳である。

間の悪い時は悪いことがつづくもので、この出陣に当って、忠輝の部下が将軍家直属の旗本二名を殺戮《さつりく》した。

事件は、忠輝の軍が居城高田を発し、北陸道から近江国守山の宿にやってきた時に起った。

二人の騎馬武者が、若党十二、三人ずつを引具して、忠輝の軍勢を、追い越してゆこうとしたので、先頭のものが、

「何者ぞ、上総介殿の隊列の前を乗打ちするのは。下乗せい」

と咎《とが》めると、

「上総介殿とて、我らの主君ではない。下馬する必要はないであろう」

といい捨てて、走り抜けてゆく。

大いに怒った忠輝の部下が追跡すると、騎馬の二人は馬を乗りすてて、傍の民家に逃げ込んだ。

忠輝の家臣、平井三郎兵衛、安西右馬允《うまのじよう》の両人が躍り込んで、組伏せ、刺殺した。

ところが、この騎馬の二人は、旗本長阪十左衛門と伊丹弥蔵とであった。十左衛門の兄長阪血槍信次は、この旨を直ちに、将軍秀忠に訴え出る。

江戸に凱旋《がいせん》した秀忠は、忠輝の家人を召して、厳しく詰問し、下手人平井及び安西を捕えて長阪と伊丹の一族に引渡せ、と命じた。

平井、安西の両人は、これを聞いて逐電《ちくてん》したが、安西の方は自棄《やけ》になったのであろう。――上総介殿が、大坂陣に遅延したのは、大坂方と内通していたため故意になされしことなり。

という密書を提出した。愕《おど》いた幕府は、忠輝の重臣花井主水を召出して事実を質《ただ》したが、これはもちろん、確証が挙がらない。

しかし、家康は、松平忠左衛門を使者として、忠輝に対して、厳しい申渡しをした。

「旗本は将軍直属の士である。これを討ち果したのみならず、その結果の届出さえ怠っていたのは、将軍家に対する無礼も甚だしい。自分が生存中でさえこの有様では、自分の亡き後のことが思いやられる。従来とても、将軍の許可を得ずに自儘《じまま》の行動をしたことは数知れぬが、見逃していたのだ。今回は許す訳にはゆかぬ。速やかに両旗本を殺戮した犯人を召捕って将軍家に差出《さしい》だせ」

というのである。

すでに平井、安西が逃亡してしまった後である。忠輝は、

「当時、行列の先頭にあった歩行侍《かち》三百余人。その中に取り込めて討ち取ったもの故、何者が下手人かは分りませせぬ」

と、回答した。

家康が、大いに怒って、

「忠輝不遜《ふそん》の申し条、奇怪至極。今後二度と対面許さぬぞ」

と罵《ののし》ったと聞いて、忠輝の歩行《かち》侍頭《がしら》山田将監、富永大学の両人が、

「私共両名を下手人として将軍家に引渡され、大御所様の御勘気をお釈《と》き下さい」

と申し出た。三百の歩行侍連中が騒ぎ出し、

「頭を犠牲にする訳にはゆかぬ、下手人はわれわれの中から出そう」

と、三人の者が自発的に名乗り出た。

ところが、この三人をまず駿河の家康のところに連れて行こうとした時、帯刀を奪い、四人として縄をかけようとしたので、三人が憤《おこ》り出して、

——自分たちは、主家のためにあえて一身を捨てようとするもの、縄目の恥は受けぬ。

と主張する。とうとう一人は、洞庵寺に逃げ込んで、

——御使者を賜われば、その面前で切腹仕《つかまつ》る。四人扱いには服さぬ。

という始末。

この事情が駿府に筒抜けになったから、家康は、

──無実の者を下手人に仕立てて我が目をくらまさんとは不埒《ふらち》なる儀。忠輝はわが子といえども、天下の大法に代えられぬ、きっと処罰せよ。

と、秀忠に通達する。

折も折、家康は、食に当って病臥《びょうが》し、忠輝事件未解決のうちに、元和二年四月十七日に死亡した。

家康が病臥してから、忠輝は、何とかして家康に一目でも会いたいと思ったらしく、駿河に密行していったが、面会は許されず、家康の死骸《なきがら》が久能山に葬られる日も、その宿泊所は九鬼《くき》長門守の手兵によって、厳しく固められていた。

秀忠は、家康を葬ると江戸に還《かえ》り、先に監禁しておいた花井主水と安西右馬允の両名の首を刎《は》ねた上、江戸に来ていた忠輝に対して、家康の遺命なるものを伝えた。

──領国を没収し、伊勢朝熊《あさま》に移す。

というのである。これが果して家康の真の遺命であったかどうかは分らない。

秀忠が、家康死後の己れの権威確立のために、実弟といえども容赦しないというジェスチャーを、ことさらに天下に向かって示したものとも考えられる。

忠輝は不羈奔放な我儘な青年ではあったが、世評のごとく父家康に対して叛意を持っていたとは思われない。ただ父の機嫌ばかり伺っているような兄秀忠に対して、侮蔑《ぶべつ》ないし反感は持っていただろう。

秀忠にしてみれば、それが折にふれて感じられるので、快く思っていなかったに違いない。この二人の関係は、後の将軍家光と駿河大納言忠長との兄弟の関係に似ていたのではなかろうか。

ともあれ、忠輝は、上下二十余人の伴《とも》を連れて伊勢国朝熊山の麓《ふもと》に移った。元和二年八月である。忠輝時に二十五歳。

同四年、更に、秀忠は中山勘解由《かげゆ》を使者として、飛驒国高山に移るべきことを命じた。

忠輝は、憤然として、

「先にこの地へ流された時、自害すべきであった。今更、あちこちと移され、天下に恥をさらすよりは、この場で首を刎《は》ねよ」

と、答える。

中山が慌てて、

「これは意外なことを仰せられます。この朝熊というところは、殺生禁断の地、徒然《つれづれ》の際にも御鷹野《たかの》、狩猟なども出来ませぬ。せめて飛驒へお移りになれば、そのようなお慰みも出来ましょう。将軍家の思召《おぼしめ》しもそこにあるはず。私はこの御使を申付けられました時、これは将軍家の御心もすでにやわらぎ給うたしるし、御宥免《ゆうめん》の日も程遠からずと、悦び勇んで参りましたのに、情ないことを仰せられます」

と口説いたが、忠輝は、

「将軍家の憐憫《れんびん》など受けたくない」

と、意地になった。中山がいかに言葉を尽してすすめても、うむといわない。困り果てて、早馬を以てこの旨を江戸に報告すると、今度は、秀忠の方も意地になったのであろう。

——朝熊に止まりたくば、朝熊に止めよ。自害したくば自害させよ。

と指令してくる。これを聞いて、忠輝が、更にひねくれた。

「よし、将軍家の思うようにはならぬ。自害もすまい、朝熊にもおるまい。飛驒へ行こう。ただし、自分の好むように暮らすぞ」

と放言し、即座に朝熊を発《た》つ。

今度は、伴の人数も制限され、扈従《こじゅう》を許されたもの、わずかに三人。

高山城主金森出雲守重頼、これを預かる。

飛騨に移ってからの忠輝は、相当に荒れた。預り人である金森の言うことなどは、全然耳に入れぬ。酒色に溺《おぼ》れ、勝手に出歩き、ことごとに江戸の指令を無視する。

金森は、対手《あいて》が現将軍の肉親であるから、思い切った取締りも出来ない。恐る恐る忠言を与えると、

「余のすることが不当と思うならば、いつでも首を刎ねろ」

と、乱暴にいい放つので、始末に困った。

とうとう堪りかねて、寛永三年(一六二六)、幕府当局に向かって事情を具申し、

――上総介御守護のこと、とても勤め兼ねまする。

と、警固役の辞退を申し出た。

時に将軍は三代家光、忠輝にとっては甥《おい》に当る。

家光は、忠輝を信濃国諏訪《すわ》に移し、諏訪因幡守頼永に預けることにした。

諏訪に移ってからも、しばらくは、忠輝の行状は、依然として改まらなかった。

それが、一変して、まるで人が変ったように、静かな諦《あきら》め切った人間と化したのは寛永九年である。

この突然の変貌《へんぼう》を齎《もたら》した理由は、不明である。

『藩翰譜《はんかんぷ》』には、

――御齢もすでに傾き、御心も昔には変らせ給ひ、諏訪因幡守また良きにいたはり参らすれば、ここをつひに御住所と思召し定め給ひけん、その後は静かに籠《こ》もり居させ給ひけり。

と記されている。

しかし原因と思われるものを一つだけ、はっきりと挙げることが出来る。

忠輝の嫡子徳千代の異常な死が、それである。

徳千代は、忠輝配流《はいる》の時、阿部対馬守重次に預けられて岩槻城にいたが、寛永九年八月、已れの居室に火をかけて、自害した。時に十九歳である。

四十一歳の忠輝は、我が子の自害を知った時どんな感慨をもったか。

推測すれば、徳千代は父の行状についての風評を耳に入れ、已れの死を以てこれを諌めたものとも考えられる。忠輝もまた、愛児の心情を、痛烈に感じとったに違いない。

さすがのじゃじゃ馬にも、これは痛かったであろう。忠輝の後半生の急変はおそらくここに原因があるのではあるまいか。

翌寛永十年十二月、甥の駿河大納言忠長が兄家光との確執の結果、領国を奪われ、上野《こうずけ》国高崎において自害したこともまた、彼に大きな衝動を与えたであろう。

忠長自決の報を耳にした時、忠輝は、

「哀れな奴よ、おれと同じ性質《さが》の甥なのであろう。だが、思い切ってよく自裁した。おのれも、朝熊で自ら果てるべきであったかも知れぬ」

と、呟《つぶや》いたという。しかし、忠輝の頑丈なからだは、彼に九十二年の生涯を与えた。

死んだのは、実に天和三年（一六八三）七月、五代将軍綱吉の時であった。

福島左衛門大夫正則

福島正則は幼名市松、尾州二寺《ふたつてら》の人、父は新左衛門正光と言う事になっている。しかし、新左衛門は正則の実父ではない。

市松の実父は星野某、清洲の桶《おけ》大工だった。

市松は十四歳の時長柄《ながら》川の辺《ほとり》で、泥酔していた足軽と喧嘩《けんか》し、持っていた包丁で足軽を刺し殺した。

——何だ、人を殺すなんてことは、武士でなければむつかしいかと思ったら、大した事はないな、よし、おれも侍になってやろう。

と志を立てた。

福島新左衛門の養子になったのはいつの頃であるか分らないが、新左衛門は、羽柴秀吉の父弥右衛門の異父同母の兄である。その縁故で市松は、当時、姫路城主であった羽柴筑前守秀吉に仕えることになった。天正六年（一五七八）頃である。

秀吉が南条元続《もとつぐ》を討った時、市松は南条家で勇猛を謳《うた》われていた小峰左門を討ちとって初陣の功名を立て、百石を賜わった。

それから三カ年、秀吉の中国攻めに従って随処に功名を現わし、加増されて千石取りの侍となった。

天正十年山崎の合戦には、明智方の勇士可児《かに》才蔵と渡り合ってこれを生捕りにし、ついに自分の家臣にしてしまった。

つづいて賤ヶ岳の合戦では、周知のごとく七本槍《やり》の一人として勇名を馳《は》せた。七本槍は、言うまでもなく、福島市松、加藤虎之助、加藤孫六、片桐助作、糟谷《かすや》助右衛門、平野権平、脇坂甚内らであるが、この中で市松は筆頭第一に挙げられている。他の六人は、いずれも三千石を賜わったのに対して、市松だけは、五千石を受けているのだ。

この日、市松は、洗革《あらいかわ》を黒糸にて緘《おど》したる小具足に、熊毛《くまげ》を植えた頭成《ずなり》の兜《かぶと》を被《かぶ》り、紙の切裂《きっさき》じまえの指物を山風に乱し、槍をおっとって、まっしぐらに、敵陣へすすむ。

北国にその名ありと聞こえた大豪の士、拝郷《はいごう》五左衛門久盈《ひさみつ》、数人を斃《たお》して血に塗《まみ》れたまま、大岩に腰を下ろして、ほっと一息入れているところに、馳せ来った市松が槍を構えた。

拝郷は対手《あいて》を若年者とみて、槍の石突《いしづき》を以て追いのけようとしたが、市松は必死に飛び込み、拝郷の槍を叩《たた》き落とすと、対手のふところにぶつかって組み打ち、すきをみて鎧《よろい》の間に脇差をさし貫いた。

さしもの拝郷もひるんで見えたところを、おしかかって首を打ち落とし、高らかに名乗りを上げた。

天正十三年、従五位下に叙し、正則を名乗り、左衛門尉《さえもんのじょう》に任じた。世に左衛門大夫《たいふ》と言う。時に二十五歳。

同年、正則は、一躍して伊予今治《いまばり》十万石の大名となった。

いかに戦国の世でも、五千石から十万石に飛躍することは珍しい。

だが、秀吉は、有能な部下の抜擢《ばってき》に当っては、時々こうした破天荒なことをやってのけた。加藤清正などは三千石から一躍二十五万石の大名にされている。

家康は絶対にこうした加俸はしなかった。家康は加増については、極端にけちな方で、三河以来譜代の大功臣にさえ、大した俸禄はやっていない。井伊直政の十八万石、本多忠勝の十二万石、榊原康政の十万石ぐらいが上々の方で、大久保、鳥居、平岩、大須賀などの老臣にさえせいぜい三、四万石しかやっていない。

だから、家康の部下はこれに不満で、井伊直政なども、

——上様は律義《りちぎ》な方だが、不思議に御加増の約束だけは忘れておしまいになる。

と皮肉を言ったし、榊原康政などは、加増の約束を反故《ほご》にされて大いに憤慨し、死に臨んで家康の使者が見舞にくると、

——康政はむしゃくしゃして、腸がくさってくたばり申すとお伝えしてくれ。

と放言したという。

秀吉の方は、家康に二百五十万石、前田に百二十三万石、上杉に百二十七万石、毛利に百八十三万石、島津に八十万石と、大量分配したため、自分の直轄領がこれ以上減らせられないくらいになってしまった。

無謀な大明征伐を企てたのも、その一部の理由は、部下にやる領土が欲しかったのだとも言う。

ともあれ、正則は、この後、宇土《うと》の一揆《いっき》を平らげ、小田原攻めには韮山《にらやま》城攻囲に当り、朝鮮では慶州城に出兵したが、特記すべきほどの功は立てていない。にもかかわらず、文禄四年（一五九五）には、尾張清洲二十四万石を与えられた。

秀吉としては、おそらく、秀頼の将来を考え、加藤清正と並んで、その武力を豊臣家

の両翼とするつもりだったであろう。

いずれにしても、清洲の桶大工の倅《せがれ》が、二十四万石の太守になったのであるから、まさに一代の風雲児と言ってさし支えない。


正則一代の晴れ舞台は、しかし、秀吉の死後、やってきた。

関ヶ原の役がこれだ。この時における正則の進退は、ある意味で戦局の勝敗を左右したとも言えるのであって、さすがの家康も、その当座は正則を大いに憚《はばか》ったことは、後に述べる伊奈図書《ずしょ》の事件でも明らかであろう。

上杉征伐のために東下した家康が、石田三成の挙兵を知ったのは、小山《おやま》においてである。

家康は豊臣恩顧の諸大名、福島、加藤、黒田、浅野らの向背を憂い、この中で特に信頼していた黒田長政を密《ひそ》かに呼んで、正則の意中を探らせた。

正則は清洲城主として、西軍主力に最も近い地点を領しており、可動兵力も一万、もし彼が西軍に味方するとなれば、その影響するところ、すこぶる大きいからである。

長政が、正則の陣営に赴いて、

「大変な事になったものだ。そこもとは大坂に戻って西軍に属されるか、それとも家康を助けて三成を討たれるか、かような大事の折故、腹蔵なく話合ってみたい」

ともちかける。正則は、

「実は、昨夜からいろいろ考えているのだが、まだ考えが決まらないのだ、そこもとは一体どう考えられるか、まずそれを承《うけたまわ》りたい」

と、正直な答えをする。

正則は勇猛果断の武将ではあるが、謀略に富む政治的な読みの深い智将《ちしよう》ではない。この時、進退に迷ったのは、当然なのである。

長政は膝《ひざ》を進め、

「西軍は秀頼公を奉じているが、御幼少の秀頼公が何も知るはずはない。すべては三成めの奸計《かんけい》に出《い》ずるもの、彼がどのような人物かはそこもともよく御存じであろう、三成のために火中の栗《くり》を拾うような愚かな事はせぬがよいと、私は考えている」

と、もっぱら、三成に対する正則の個人的反感を刺戟《しげき》した。そう言われてみると、元来、三成と仲の悪い正則は、

「徳川殿が秀頼公に対して他意なしと誓われるならば、お味方しよう」

と答えざるを得ない。長政は、もちろん、家康が秀頼に対して何の異図もないことを明言し、正則を家康方に引入れることに成功した。翌日、小山の家康の陣営において、正則は率先して、

「私は三成めに味方すべき筋目更になし、嫡子刑部《ぎょうぶ》を内府殿（家康）に人質として差上げ、御先手仕《つかまつ》るべし」

と言い切る。

加藤嘉明《よしあき》、山内一豊、細川忠興、池田輝政、藤堂高虎ら、ことごとくこれにつづいて、家康に味方すべきことを言明した。

正則、先陣として、真先に西上する。

家康の婿である三州吉田の城主池田輝政も、正則とともに先陣を承って急遽《きゅうきょ》西上した。西軍はこの時すでに、大垣城に大軍を集め、岐阜城を固め、伊勢路を席捲《せっけん》しつつあった。

東軍の諸将は清洲に集まって、家康の西上を待っていたが、家康は江戸城に入ったまま容易に進発しようとしない。

正則は大いに不平で、しばしば池田輝政と口論した。今正則を怒らせては一大事だと、

軍監井伊直政、本多忠勝がはらはらしているところに、村越茂助が江戸から使者としてやってきた。

茂助の言い分は、意外にも、

「各々方当城にべんべんと逗留《とうりゅう》なされ、今日に至るまで何らの御動きもない。斯様《かよう》の体にては敵か味方か更に分らぬ。いさぎよく手切れの合戦をなされれば、家康直ちに出馬すべし」

と言うのであった。井伊も本多も、こんな乱暴な事を言っては、正則が何と言って怒り出すかも知れぬと手に汗を握ったが、正則はからからと打笑って、

「よくぞ言われた。まことに評議ばかりに日を送って面目なき次第、よしさらば、一両日中にも岐阜の城を攻め落としてみせよう。茂助殿、見物して帰らるるがよい」

と断言し、直ちに岐阜城攻略の謀議に入ることを提案する。

岐阜城にいたのは、織田信長の嫡孫に当る秀信である。若気の至り、勇にはやって城外に出撃したが、福島、池田、浅野、加藤、細川以下の東軍、これを破って城下に迫り、本丸を陥れて火を放った。

秀信は降伏して、後、高野山に上る。

この勝報を得て、家康はようやく腰を上げ、三万二千の兵を率いて西上し、清洲で諸将と会し、進んで大垣の西北一里半の赤坂に至った。

つづいて、関ヶ原の決戦。

この時も正則は名誉の先鋒《せんぽう》として、天神山の宇喜多秀家の陣と相対した。

慶長五年（一六〇〇）九月十五日午前八時、福島軍の先隊福島丹波はまず宇喜多の陣に向かって砲撃を開始し、双方、弓、鉄砲を以て射撃戦を始めたが、容易に肉薄戦を試みるに至らない。

これをみた家康は井伊直政に内命を下し、松平忠吉《ただよし》をして抜駈《ぬけが》けの先陣をさせようとする。正則、大いに怒り、

「先陣はわが手のものだ」

と、采配《さいはい》うちふり陣頭にのり出す。福島丹波、長尾隼人ら槍をとって、どっと宇喜多の陣になだれ込む。

天下分け目の戦闘はこうして開始された。

戦闘が金吾中納言の裏切りによって、西軍の敗北に帰した次第は詳説するまでもないであろう。

正則の部隊は、東軍の中でも、最も激しく、最も良く戦った。

家康は、敗走する敵を追って草津にすすんだが、ここで福島正則、池田輝政、浅野幸長《よしなが》を呼び、

「諸君は速やかに京師に入って宮闕《きゆうけつ》を守り、京洛の人心を安定せしめられたし」

と命じた。

正則は直ちに草津をたって、山科《やましな》に陣を移し、嫡子刑部少輔《しようゆう》正之に三百名の士卒を与えて、先に入京せしめた。

その後、正之に連絡すべき事が生じたので、家士の佐久間加右衛門と言うものを呼び、一通の書面を与えて、使いに出した。

佐久間が、その書面を持って、粟田口《あわたぐち》にかかり三条大橋までやってくると、ここはすでに家康の旗本伊奈図書が厳重に固めている。佐久間が馬から降りて、名乗り、

「主人の命にて、京の政所《まんどころ》にある刑部少輔に火急の書面持参致したく」

と申入れたが、橋を守っていた足軽組頭は、聞き入れず、

「何人にてもあれ、京へ入ることは許さぬとの主命、お戻り頂きたい」

と言う。佐久間が、愕《おどろ》いて、

「余人ならば知らぬこと、左衛門大夫は京都鎮撫《ちんぶ》の命を受けたもの、その御用筋のために入ろうとするのを押止めるとは怪《け》しからぬこと」

と、重ねて頼んだが、組頭はどうしても承知しない。足軽七、八人が、棒をもって佐久間を押し戻し、

「なんと言われても通すことはできぬ。力ずくでもお止めする」

と、佐久間を支え、その騒ぎに、足軽の棒が佐久間の顔や肩にあたった。

佐久間は大いに憤慨し、斬死《きりじに》まで覚悟したが、主命を帯びる身、とにかく、このことを復命せねばと、無念をこらえて山科に戻り、正則の前に出て事情を報告した上、

「かような恥辱を受けた上は、武士としての面目が立ちませぬ故、切腹致します。対手は伊奈図書、何とぞ仇《かたき》をおとり下さりませ」

聞くより早く、正則は、烈火のごとく憤った。関ヶ原の戦功第一と自負していた時であるから、以てのほかの侮辱と考えたらしい。

「よし、腹を切れ、その代り、仇は必ずとってやるぞ」

佐久間加右衛門、次の間に下がって直ちに腹を切る。

正則はその首を桶に入れ、書面を添えて井伊直政に送り、伊奈図書の首を要求した。

直政は書面を見て呆《あき》れ、家康に言上する。家康も困った事になったと思い、

「已《や》むを得ぬ、その足軽共の首を残さず討って、与えよ」

と命じた。

正則はこの回答を得ると、直ちに、

「足軽の首を百千賜わるとも承知致しかねる、飽くまでも伊奈図書の首を頂きたい。この事、御聞き入れなくば、御奉公もこれまで」

と、思い切った申入れをした。

直政が仲に立って、いろいろに正則をなだめたが、正則は頑として聞き入れない。

「不肖正則は、部下の侍の首を討ってお贈りしたのだ。それに対して、足軽の首を返してそれで諒承《りようしよう》せよとは心得ぬ。正則がこのたび、徳川殿のお味方として先陣を承り、いささか手柄を現わしたのも、家の子郎党らが命を棄《す》てて力を尽してくれたからこそである。しかるにその正則の家士を、足軽と同じくらいにしか見て頂けないのでは、正則の面目が立たぬ。佐久間も、伊奈図書こそ敵、必ず仇を討って給われと言うて切腹致した。是非とも伊奈の首を貰《もら》わねば、佐久間も成仏せぬ」

と言う。直政も当惑し切って、家康に、

「今は大事の折、不憫《ふびん》ながら伊奈に死んでもらうより致し方ありませぬ」

と進言する。家康も、

「正則と言う男、思いしに優る愚か者じゃの、よきに計らえ」

と、已むなくうなずいた。直政は安藤帯刀《たてわき》直次に命じて、伊奈図書に切腹させようとしたが、今度は伊奈が、不当な処分、従い難しと言い出す。

帯刀、いきなり躍り掛かって、

「お家のため――」

と、抜打ちに伊奈の首をうち落として、直政のところに持ってきた。

直政がこれを正則のところに送ると、正則は、

「――井伊殿のお蔭《かげ》にて、正則恥を雪《そそ》ぐことを得た」

と、大いに悦《よろこ》んだという。

この一事件が、後に正則にとってどのような影響をもつに至るか、それは考え及ばなかったらしい。

正則は、関ヶ原の役の戦功によって、安芸、備後四十九万八千二百石を賜わり、広島城に移った。

領主としては、特に見るべき治績はあげていない。

むしろ、生来の築城好きで、毛利輝元の築いた広島城が気に入らぬと言うので、たびたび大々的に修理したり、国境に六つの新城を築いたりしたので、重税を課し、民力を徴用し、領民には余り悦ばれなかったらしい。しかも、この国境の新城は、幕府の命ですぐに取りこわされ、広島城の修築は彼の命とりとなった。

正則が幕府の忌諱《きい》に触れて城地を収公されたのは、表向きは、広島城を勝手に修復したためと言うことになっているが、このほかにもいろいろな理由が伝えられている。

その一つは、正則が豊臣家に対して、徳川氏からみれば甚だ好ましくない好意を持ちつづけていたと言う事である。

関ヶ原役後、結城《ゆうき》秀康が越前福井の太守となった時、正則は自ら参向して祝いを述べた。

秀康は、家康の次子で秀忠の兄、当然第二代将軍たるべき身であるが、秀吉の養子となり、結城家を嗣《つ》いだため、将軍の位につけなかった男だ。つねづね、

――自分は大坂の秀頼の義兄だ、万一、秀頼に対して戦いを挑むものがあれば、自分が真先に討滅する。

と放言し、家康に煙たがられていた。その秀康のところに正則が祝いに出掛けて行って、

――万一天下に大乱あらば必ずお味方仕《つかまつ》るべし。

などと言ったのだから、徳川方ではよく思うはずはない。

千姫が大坂城に入った時、上方の大名が起請文《きしようもん》を書いて秀頼に奉ろうとしたことがあるが、これも正則が音頭をとった。

更に、大坂の陣が起ったときも、正則は、淀君、秀頼母子に表向きは和睦《わぼく》をすすめながら、大坂辺に蓄えておいた三万石の米を、ひそかに大坂城内に入れたとも言われている。

家康は、正則が大坂方に味方するのを怖《おそ》れて、夏、冬両度の大坂の陣には、正則を軟禁状態で江戸にとどめておいた。

いずれにしても、正則が故太閤《たいこう》の恩義を忘れず、大坂方に心を寄せていたことは事実であろう。

大坂が亡《ほろ》んだ後、もはや己れの覇権に揺ぎなしと見た徳川氏が、徐《おもむろ》に正則を片づける算段をしたとしても何の不思議もない。

俗説には、正則が罪を得たのは、その領国の民悉《ことごと》く虐政に苦しみ、家臣もまたその粗暴に呆れていたので、家康は死に臨んで遺言し、正則を処罰すべきことを秀忠以下に命じたとも言う。

しかし、正則虐政の事実はない。先にも述べたごとく、多少の苛斂誅求《かれんちゆうきゆう》はあったとしても、家国を亡ぼすべき程のものとは思われないし、家臣は非常に大切にした方で、部下はいずれも心服していたと思われる。

真の理由は、やはり、旧豊臣系の有力な大名を、結局において亡ぼしてしまおうとする徳川氏の根本政策によって、処分されたものと見るべきである。

加藤清正の子忠広が、ほとんど理由らしいものもないのに、領地を収公されたのと全く同じである。もちろん、旧豊臣系でも巧みに転向して保身の途を講じたものは、そのまま家名を伝えることが出来たが、正則のように、功に誇って伊奈図書事件を起したり、明らかに大坂に心を寄せるさまを見せたりしては、とうてい助かるものではない。

が、とにかく、公の理由となっている城普請《ぶしん》の件について少し詳しく述べておく。

元和五年（一六一九）五月、将軍秀忠は長女入内《じゅだい》の件について上洛し、二条城に入ったが、この時、本多正純《まさずみ》、同忠政、土井利勝、安藤重信、板倉勝重、藤堂高虎らを召して、特に正則処分の秘密会議を開いた。

その結果、正則の領地を召上げ、奥州津軽辺に若干の領地を与えることに決定され、牧野右馬允《うまのじょう》と花房志摩守が、上使となって江戸へ下った。

六月二日、両使者は、将軍の教書を帯して芝愛宕《あたご》の福島邸に向かった。

愛宕山にはすでに数百人の鉄砲足軽が上っており、近辺には数千の兵が武装して、万一にも正則が幕命を拒否することあらば、討ち入って誅殺《ちゅうさつ》する手はずをととのえている。

牧野、花房の両人が上意を伝えると、正則は両手をついて、

「仰せの趣《おもむき》、畏《かしこ》まり奉る」

と、沈痛な声で言ったが、しばらく無言、ややあって、

「大御所（家康）世にましまさば、正則も申すべきことあれど、当代（秀忠）に向かって今更とやかく申すこともなし」

と、呟《つぶや》いた。

城郭の無断修復が怪しからぬという幕府の咎《とが》めは、明らかに不当と感じたが、正則といえどもそれが単なる口実に過ぎぬことぐらいは分っている。今更、何を言っても始まらぬと、男らしく諦《あきら》めたのだ。

大体、この城郭修復のことは、元和三年の洪水で石垣がこわれたので、翌四年帰国の前、正則は本多正純邸を訪れ、許可を求めておいたのである。

従って、諒承済みと考えて石垣を築き直し、一尺ほど高くした。ところが翌年上府してくると、幕府から久貝、堀田の両名が上使としてやってきて、無届け修復を咎めたので、正則は心外に思い、

「上使仰せ出《いだ》された席に、上野介殿（本多正純）もお出なされたか」

と問うと、然《しか》りと言う答え。

――さては上野介、我を陥れるため、ことさらに修復の件を上聞に達しなかったのだな。

と、咄嗟《とっさ》に覚悟を決め、

「然らば申訳は仕らぬ、所詮《しょせん》腹を切り申すべきか」

と、憤然として答えた。

幕府でもさすがに、上野介の謀略をうしろめたいものに感じたものか、

——このたびばかりはお宥《ゆる》しあり、至急新たに普請したるところを破却すべし。

と回訓してきたので、正則は直ちに国もとに急使を馳《は》せ、新修の個所を悉く破却した。従ってこの事件は、すでに片がついたものと考えていたのである。

しかるに、今、再びその件をむしかえして、城地没収を申渡されたのだ。

上使を受けた正則の態度が余りに潔《いさぎよ》いものだったので、幕府側でも、少しく同情するものが出たらしい。改めて、津軽は余りに遠隔の地であるから、越後魚沼にて二万五千石、信州川中島にて二万石、合せて四万五千石を与える旨通達してきた。

元和五年七月、正則は、近臣三十余名を率いて、信州へ下った。

序《つい》でながら、正則の邸《やしき》に上使となって赴いたのは、上記のごとく、牧野、花房両人だが、一説には鳥居忠政だとし、しかも甚だ劇的な情景を伝えている。

これによると、忠政は、万一の場合は正則と刺し違えて死ぬ覚悟で、供の者をすべて邸の外に待たせておいて、正則の館《やかた》に入り、主人の出てくるのを待っていた。

その間、邸内は何か騒然としていたが、かなり永い間たってから正則が長袴《ながばかま》だけつけて刀を帯びず、幼い娘の手をひいて出てきて、忠政に向かい、

「正則は、徳川家には大功あるもの、いかなる事ありとも七代までは大抵の罪はお許し頂けるものと思うていたが、正則の一生さえ過ぎぬうちにかような目にあうのは、いかにも無念だ。いっそ妻子を刺し殺し、和殿とさし違えて死のうと決心し、すでに刃《やいば》を抜いて妻子の胸につきつけてみたが、どうしても刃をつき立てることができなんだ。この上は是非なし、仰せに従うことに致す。せめては年来のよしみ、妻子のことを宜《よろ》しくお頼み致す」

と述べたと言う。少々出来過ぎた話で、そのままには信じ難い。白石《はくせき》も『藩翰譜《はんかんぷ》』の中で、この事不審《いぶ》かしと述べている。

正則の処分決定と共に、広島城収公のため、永井右近大夫直勝と安藤対馬守重信が下向した。毛利秀元、加藤嘉明、森美作、蜂須賀阿波らがいずれも兵を出してこれを警護する。

城を預かっていた老臣福島丹波は、籠城《ろうじよう》して幕軍を対手に一戦する覚悟で血判し、城中二千余の士分の者、悉くこれに同じた。

永井右近はこの様子を見て、大いに憂慮し、加藤嘉明と相談し、丹波の意図をさぐると、

「当城は主人正則より預かりたる城なれば、正則の命なければ、たとえ将軍の命なりとも渡すまじ、強いて受取らんとなれば槍先にてとるがよい」

と、天晴《あっぱ》れ武士の言葉だ。

永井は早打ちを正則のもとに走らせ、この旨を知らせて、丹波説得を求める。正則は、これを聞いて涙を流し、

「自分のために、家来一同斬死の覚悟をしてくれたか、有難きことよ」

と悦んだが、今は無用の血を流すべからずと、丹波に宛《あ》てて、自筆の書をかき、城を上使にあけ渡すべしと命じた。

丹波は正則自筆の書を得て、ようやく開城を承諾し、諸藩の兵に悉く領外へ去ることを求めた上、城の内外を整え、大手橋外に上使を迎えた。上使が城に入ってみると、血判籠城を誓った士分二千余名の名が大広間に張出してある。諸藩の代表がこの名を写しとったので、この二千余人は悉く諸大名から招聘《しょうへい》されたと言う。

ただ一人、福島丹波は、前田家から三万石、紀伊家から四万石で招かれたにもかかわらず、すべてを拒んで、京の東山に閑居して八十三歳で命を終えた。

正則の配所は、川中島高井野村である。

この地で正則は、元和五年七月から寛永元年（一六二四）七月まで六カ年暮らした。

同年七月十三日、六十四歳で死亡。

『徳川実紀』によれば、堀田勘左衛門正吉を検使に遣わしたところ、正則の家士津田四郎兵衛は、検使の来着を待たずに同地の巌松寺において遺骸《いがい》を荼毘《だび》に附してしまった。

このため、正則の遺領四万五千石は収公され、庶子市之丞正利に三千石が与えられた。

この間の事情は、いささか不明朗である。

正則の死自体が甚だ唐突であるし、その遺体の処理も不当であると言うほかはない。

当然考えられる疑問は、自然死ではなく自殺ではないかと言うことだ。

『加藤と福島』の著者羽皐隠史は、自ら高井野村に赴いて高井寺所蔵の掛物を披見し、自殺と断定している。

この掛物が、正則の一代記を絵巻物にしたもので、最後の場面は、白い衣服を着した者が自害しており、傍に少年が刀を持っている図だという。

この掛物が果してどれほど信用してよいものか分らぬが、正則が自害したかも知れぬと言うことは考えられないこともない。

すでに世は三代将軍家光の時代になって、もはや正則の世に出《い》ずべき機会はない。己れを陥れた憎むべき政敵本多正純は、幕譴《ばくけん》を受けて改易となり、出羽に流罪となった。

己れに従って川中島に来ていた嗣子正勝は、父に先立って死んでしまった。正勝の嫡子正長は病身で早くから薙髪《ちはつ》して仏門に入っている。

既往を懐《おも》い、将来を考え、卒然として生を厭《いと》う心を生じたのではないか。あるいは他に直接の導因となるべき何らかの事件があったかも知れぬが、それは知るべくもない。

要するに狡兎《こうと》死して走狗《そうく》烹《に》らるの例。関ヶ原において石田三成の敗北した時、すでに、豊臣系諸大名中の尤《ゆう》なるものであった正則の運命は、ほぼ予見されていたと言ってもよい。

家康の政策はしかし、巧妙を極めた。

関ヶ原役後、旧豊臣系の前田、福島、加藤、浅野、細川、山内らいずれも多くの領土を加えられた。

これは、ひとえに彼らの歓心をかって徳川方に懐柔しようとしたためであり、大坂に秀頼の居る限り、その必要があったからだ。

彼らの大部分は、完全に徳川方に心服した。そして、その心服の程度の充分でないものとしてマークされたのが、福島正則であり、加藤清正であった。

清正も生きのびていたら、おそらく正則と同一の運命に遭ったであろう。幸か不幸か、清正は大坂役以前に死亡した。父清正に代って、その子忠広が没落の運命を担った。

大坂が亡んだ時、正則の運命は決定的となった。

正則はその運命を脱《のが》れるために、充分の時間がありながら、それほど巧妙な策をとったとは思われない。伊奈事件のごとき最も拙なるものであったし、家康の養女満天姫を嫡子刑部少輔正之に迎えながら、正之をなぜか疎《うと》んじてついにこれを殺し、満天姫を実家に返したごとき、徒《いたず》らに自分の首をしめたようなものだ。

正則が生来粗暴で、殊に酒乱の気味があり、しばしば家士を無益に殺傷したり、家康の覚えめでたい池田輝政と仲悪《あ》しくたびたび争ったことなども、彼の運命にいくらかの影響を与えているであろう。

しかし、彼が家士一般の心を得ていたことは、広島城収公の際の家臣たちの行動をみても明らかであるし、戦国大名の一人として、特に言うべき程粗暴であったとも思われない。

彼の側における禍因はむしろ、彼が、戦国大名として必要な狡智と、時に応じて主を替えることに何の躊躇《ためらい》も感じない事大精神とを、欠如していたことにあったと言わねばなるまい。

最上源五郎義俊

最上家の祖は、斯波修理大夫《しばしゅりのだいぶ》源兼頼。延文元年（一三五六）八月按察使《あんさつし》将軍に任ぜられて出羽の国を賜わり、最上郡山形に居城し、爾後《じご》最上氏と称した。

戦国の末世における当主は、出羽守義光。

早くから織田信長に誼《よし》みを通じていたが、抜け目のない男らしく、信長の同盟者である徳川家康にもしかるべく取り入り、出羽奥羽に双《なら》びなき名馬両国を家康に贈ったので、家康は大いに悦《よろこ》びこれを已れの召料《めしりょう》とした。その後、毎年、家康の好きな鷹《たか》と駿馬《しゅんめ》とを贈っている。

まさか、この頃から家康が天下をとることを見透していた訳でもあるまい。信長の信任第一の武将としての家康に慇懃《いんぎん》を通じたものであろう。

信長の死後、予期に反して秀吉が覇権を握ると、義光はもちろん、これに属し、天正十八年（一五九〇）秀吉が、小田原征伐の軍を起すと、直ちに馳《は》せ参じた。

この時、家康は、酒匂《さかわ》の辺りまで迎えの使者を出し、秀吉の御前も大いに取りなした。

翌十九年、奥州九戸《くのへ》の蘆名《あしな》修理亮が謀叛《むほん》し、家康が秀吉の命を受けて、信夫《しのぶ》郡大森まで軍をすすめると、義光はその陣に赴いて着陣をねぎらった上、当時十歳であった次男太郎四郎を引き合せ、

「何とぞ、御家人《ごけにん》の中にお加え下され」

と頼んだ。

当時は、家康も義光も、等しく関白秀吉麾下《きか》の大名である。しかるに義光が、己れの子を、家康の家臣にしてくれと言い出したのは、家康を知ってから、よくよく家康の人物に傾倒し、これに惚《ほ》れ込んでいたからであろう。

家康は、

「いやしくも一国の主たる人の子息を、家臣の列に入れることは満足の至り」

と、悦に入った。

家康は、江戸に移ると、太郎四郎を召しよせ、近侍としたが、非常に怜悧《れいり》なので深く寵愛《ちょうあい》し、文禄三年（一五九四）正月元服せしめて、駿河守家親と名乗らせた。

同じこの九戸征伐の時、豊臣秀次も秀吉の命を受けて下向してきた。

義光は、早速この方にも出かけて行って御機嫌をとり結び、十三になったばかりの娘を、妾として献上した。

秀次は、この時、すでに秀吉の法的な後継者と見られていたから、豊臣家にとってはいわば新参の義光が、このくらいのサービスをするのは、当時としては常識である。

この娘が、おいま御前で、十五歳になった時、大坂に上って、現実に秀次の妾になったが、程なく秀次が秀吉の怒りにふれて自害し、おいま御前は他の愛妾《あいしょう》たちと共に、三条河原で処刑された。

秀次没落後、義光は家康一辺倒になり、そのために、涙ぐましいまでの忠勤ぶりを示している。

慶長元年（一五九六）、伏見大地震の時、諸大名は悉《ことごと》く太閤のもとに馳せ参じたが、義光のみは、裸馬に鞭《むち》うって、真直ぐに家康の邸《やしき》に行き、

「かかる時には人の心も許《はか》り難し、必ず登城なさってはなりませぬ」

と、忠告した。

また、太閤が家康を茶の湯に招いた時も、家康毒殺などの噂《うわさ》があり、義光は、次の間に詰め、隙《すき》をみて、

「充分に心されるよう、万一の事ありとも私がここに詰めております故、御心安く」と、家康の耳に囁《ささや》いた。

すでに、家康と同じ列の大名としてではなく、家康の忠臣のような態度だったらしい。

家康は、その帰途、義光の手を握って、

「毎度の御厚志、一生忘れ申さぬ」

と感謝したと言う。

太閤死後、上杉景勝征討のため、家康が野州に下った時、義光に使者を遣わして、上杉勢の背後を衝《つ》くことを命じた。

あたかも直江兼続《かねつぐ》の率いる上杉勢、最上領に侵出してきたが、義光大いに戦ってこれを破った。

関ヶ原で、西軍敗ると聞いて、上杉勢が守勢に入ると、これを追って長崎、寒河江《さがえ》の辺りに追いつめ、追い崩し、谷地城を降し、庄内城を落とした。

乱平《たい》らいで後、家康は、義光に庄内・由利・仙北の三郡を加増したので所領六十万石余に及んだ(一説に、五十二万石とも言い、また、五十七万石とも言う。関ヶ原役以前は、二十四万石ぐらいだったらしい)。

慶長十八年春頃から、病に臥《ふ》したが、

「もはや、余命幾ばくもあるまい。永年厚恩を受けた家康公に、最後のお目通りをして参ろう」

と言い、家臣共の止めるのも聴かず、九月駿府に赴いた。

おそらく、己れの死後の最上家のことが心配で、家康に頼みに行ったのであろう。

家康は本多上野介正純《まさずみ》を使者として途中まで迎えに出し、駿府に到着すると、本丸の式台まで乗物を許した上、居間に呼び入れて、手ずから茶を与え、病体をいたわり、

「帰途は、江戸の将軍家にも会ってゆかれるがよい」

と、将軍秀忠に宛《あ》てた直筆の手紙を与えた。

江戸でも、大いに歓待された。

十月山形に戻り、翌十九年正月、六十九歳にて死去。

家督は、次男駿河守家親に仰せつけられた。

家親は、元和元年（一六一五）、大坂役の時は江戸留守居を仰せつけられ、琉球人来朝の節の奏者役をも勤めた。

このままでゆけば、最上家は、他の大名家と同じように続いたかも知れない。

が、不幸にも、元和三年三月、家親は急に病んで、三十六歳で死んだ。

その子源五郎義俊は、時にわずか十二歳であったが、家督つつがなく相続を許され、老臣共一致して幼主を守って政務をとりしきるべき旨、老中から通達があった。

土井、板倉、本多の三閣老の名を以て示された条目は、

一、このたび、駿河守跡式《あとしき》、源五郎に相続申付候条、諸事出羽仕置《しおき》のごとく沙汰《さた》致すべきこと。

一、家中縁組の儀、二千石以上は、上意を得べく、二千石以下は沙汰に及ばず、ただし小身といえどもその人体《にんてい》により言上せしむべきこと。

一、公平裁許の儀、先規のごとく是非を聞届け申付くべし、もし相談の上、分別に及ばざる儀は、言上すべきこと。

一、出羽守駿河守申付け候諸奉行諸役人らを、私として改替すべからず、自然欠如するにおいては上意を得べきこと。

一、出羽守駿河守勘当仕り候者、領内に到り、最前より申分立てざる輩《やから》、当代私に許容すべからざること。

一、知行加増並びに新参の者召抱え候儀、源五郎幼少たる間上意を得、御下知に随う

べきこと。

一、徒党を企て申合すべからざること。

等々、要するに、先代通りにし、何でも幕府の許可を受けろと言うのだ。

ところが、御多分に洩《も》れず老臣ら、幼主の下で互いに不和、家中騒動し、思い思いに江戸へ出て、幕府に向かって対手方《あいて》を讒訴《ざんそ》する。

ついに、このままでは、奥羽の押えとしての役目つとまり難きものとして、元和八年、源五郎義俊の領地を召上げ、近江国および三河国において一万石を賜わることになった。もっとも義俊成長の後は、六万石に取り立てて賜わると言うことであったが、その後何の音沙汰もない。

義俊は怏々《おうおう》として愉《たの》しまず、ついに病臥《びょうが》するに至り、寛永八年（一六三一）死亡、時に二十六歳。

嫡子刑部少輔《しょうゆう》義智、この時二歳、家督をつぐことは許されたが、領地を半ば削られて五千石となり、最上家は大名の列から転落し去ったのである。

以上が正史に伝えられる最上家没落の事情である。

『寛政重修《ちようしゆう》諸家譜』の記すところも、おおむねこの程度である。

しかるに、最上家の内紛については、義光の時代にその根源があり、家親に至って叔父甥《おい》の間に、家督をめぐって凄惨《せいさん》な争いのあったらしいことが、別に伝えられている。

これは『藩翰譜《はんかんぷ》』においても採り上げているし、おそらく事実であろう。ここでは主として『古今武家盛衰記』巻十五によって、その大略を述べておくことにする。

出羽守義光には、嫡子修理大夫義康、次男駿河守家親、三男清水大蔵少輔義成、四男山野辺右衛門義忠の四子があり、清水大蔵と山野辺右衛門とは臣列に下っていた。

何故、長男義康が、義光の後を嗣《つ》がないで次男家親が後を嗣いだのか。

そもそも、最上家没落の禍因は、ここにあったと言ってよい。

義康は智勇優《すぐ》れ、数度の合戦に武功を挙げていたと言うから、最上家の後嗣《あとつぎ》として、別に不適格ではない。にもかかわらず父義光は、これを惨殺しているのである。

事の起りは、義光の近臣里見権兵衛なるものと、義康の近臣原八左衛門とが、石田三成の策謀に乗って、義光、義康父子を殺せば、出羽一国を与えると言う秀頼の朱印を捺《お》した誓紙を受けて、主家を傾けようと図ったことにあると言う。

しかし、これはそのままには信じ難い。

義康が殺されたのは慶長八年八月で、関ヶ原役後三年も経《た》っている。たとえ二人が義光、義康を殺しても、出羽国を貰《もら》えるような時世ではなくなっているのだ。

ともあれ、この二人が、何かの理由で父子の間の離間を図ったことは疑いない。

原八左衛門は、義康に向かって、

「大殿（義光）はもはや御老齢、御家督を若殿に譲られて然《しか》るべしと思われますが、いまだにその気配なく、若殿がいつまでも御部屋住みでいらっしゃるのは、御気の毒でなりませぬ。おそらく、大殿は、御舎弟駿河守殿（家親）が家康公のお気に入りなので、駿河守殿をお世《よ》嗣《つぎ》にするつもりで、機会をみておられるのでしょう。よくよく、お考えあって然るべしと存じます」

と、たきつける。

一方、里見権兵衛は、義光に向かい、

「若殿は、御家督延引をひどく御恨みなされ、いろいろと我々にもいまわしい謎《なぞ》をおかけになりまする」

と、讒訴する。

父も子も、一度や二度は、

――まさか、そんな事は、

と信じなかったが、度重なると、何となく腹の底にしこりが出来て、いつとはなしに父子互いに、相疎《うと》んずるようになった。

たまたま、義康が領内の光明院と言う寺に遊山に赴き、終日酒宴を催したが、興にのって戯れに踊るまねをした時、脇差が鞘走って、左の股《もも》を少し疵《きず》つけた。

里見権兵衛とその一党は、これ幸いと、義光に向かって、

「若殿は、御家督延引を憤られて、自害なさろうとしたのを近臣共必死にお止めしましたが、その節お怪我《けが》なされた由」

と、まことしやかに告げたので、義光も、

「そんなにまで、わしを恨んでおるのか」

と、それから後は、義康に対面しようとさえしない。

慶長七年、義光は江戸へ参覲《さんきん》した。

家康が、在国中変りはないかと尋ねると、義光は、長大息をして、

「まことにお恥かしき次第ながら、嫡子義康儀、私に恨みを抱きまして――」

と、老いの繰言《くりごと》を訴える。

家康、愕《おどろ》いて、

「父の健在は、子として最も悦ぶべきことであるのに、家督が延引したからとて父を恨んで自害を図るごときは言語道断。万一の場合、そのような心掛けの者では、何をしでかすか分らぬ、早速帰国して切腹させるがよろしかろう」

と断乎《だんこ》たる指図を下した上、

「義康に切腹させるとして、最上家の家督は誰にゆずらるるつもりか」

と問う。もちろん、即座に、

「されば次男駿河守家親」

と答えると、かねてから、家親を近侍として召使い、お気に入りであった家康は、至極満足の態《てい》に見えたと言う。

これが事実とすれば、家康、義光が、義康を誅殺《ちゅうさつ》することに同心であったことになるが、果してそうであろうか。

義光の後半生をみると、家康の気に入ることを以て最大の念願とし、そのために文字通り犬馬の労を尽している。それが最上家の家名を保つ唯一の策だと考えたからであろう。

嫡子義康を殺す決心をしたのは、義康をそれ程憎んでいたからではなく、むしろ家康の寵愛深い次男家親を後嗣とすることが、最上家隆盛の保証になると感じたためではあるまいか。

現に家康自身も、織田信長の機嫌をとるためには、決して本心から憎んでいたとは思われない嫡子岡崎三郎信康を切腹させているのである。

戦国の世にあっては、家を保つためには嫡子の生命を犠牲にすることさえ、しばしば、已《や》むを得なかったのであろう。

岡崎三郎の場合と同じく、真の事情は、今に至っては、もはや知るべくもないが、とにかく義光は、義康殺害を覚悟して山形へ戻った。

慶長八年二月、帰国した義光は、直ちに義康の邸に人を遣わして、

「このたび、江戸にて家康公に御目にかかった節、我ら父子不和の事をお耳に入れられていたものか、父子一族の不和は亡国の基、たとえ子に非ありとも父たるものは深く咎《とが》めず、宥和《ゆうわ》すべきなれと、懇々とお訓《さと》しがあったので、御諚《ごじよう》かしこんで帰国してきた。家康公の上意畏《おそ》れ多い次第、この上は対面して父子の間の暗雲を一掃したいと思う、速

やかに登城されよ」

と、言う。

義康、大いに悦んで、

――さては、父も家督を譲る心になったものか。

と、直ちに登城すると、義光の手の者が厳重にとり囲み、

「大殿には対面御許しない。すみやかに高野に上って出家されよ」

と、思いもかけぬ命令を通達された。

――おのれ、図りおったか。

と、無念の歯嚙《はが》みをしたが、附き従う者はわずかに十三名、所詮《しょせん》、抵抗しても無駄と諦《あきら》め、城兵に囲まれたまま、城の搦手《からめて》から、悄然《しょうぜん》として城外に去り、高野に向かうことにした。

国境で城兵たちは去り、あとは主従十四騎、重い心を抱いて谷間の道を進んでゆくと、突如、左右の山の木陰から、弓鉄砲を射かけてきた。

これは、予《あらかじ》め、義光が、戸井半左衛門に足軽を大勢つけて伏せておいたのだ。

銃丸の一発が、義康の臍《へそ》の下を射貫《いぬ》く。

義康たまらず鞍壺《くらつぼ》から、どうと落ちた。

起き上がろうとしたが、からだが利かぬ。

「無念や、讒言を信じて、罪もなきおれを殺すとは、無道の父、覚えておるがよい。父の子々孫々はもとより、我を讒したる奴原《やつばら》一人残らずこの仇《あだ》を報いて取り殺してくれようぞ」

と、大声に叫び、脇差を腹につき立てて絶命した。

従者十三名、いずれも悲憤痛激、討手の中に躍り込んで、息のつづく限り戦って、悉く討死した。

義光は、義康の首をみて、無言のまま、はらはらと涙をこぼしたと言う。

義康の邸を残りなく調べ義康の日記などをみると、原、里見らの讒言の次第が明らかとなったので、義光は、さすがに後悔し、原、里見を搦《から》めとって拷問した。

両名が告白すると、手を斬《き》り、足を断ち、耳を落とし、鼻を削《そ》いで、殺害した上、その一族縁者の悉くを処刑しようとした。

里見権兵衛の祖父里見越後、父民部は、これを事前に覚って、一族三百余人を率いて、夜中に山形を脱出し、諸国に潜んだ。

里見越後は高名の武士であったから、浪人したと知って、前田家、福井家などに聘《へい》せられたが、いずれも義光から故障が出て永続きせず、已むなく、一族高野山に上った。義光は、なおも執拗《しつよう》にこれを追って、ついに捕え、山形に護送して斬罪獄門に処した。ところが、里見の残した家財の中に、慶長四年十月二十日附の石田三成の奉書があった。

これは、秀頼から義光の三男清水大蔵少輔並びに里見一族に宛《あ》てたもので、

――出羽守義光こと、家康に取り入り秀頼に敵対のこと不忠至極、義光父子を誅戮《ちゆうりく》すれば、大蔵少輔を以て最上家を立て、出羽一国奥州半国を賜わり、里見一族には六郡を本領に添えて賜わるべし。

と言う内容である。

これは、里見一党が、石田と内通していた証拠であるとしても、清水大蔵少輔が、それに賛成していたと言う証拠にはならない。

にもかかわらず、義光は、これを見ると激怒して、実否《じつぷ》を糾明することさえなく、直ちに大蔵に切腹を命じてしまった。

義康を殺したこと自体、かなり乱暴なことであるが、ただ一片の書状を理由に、三男

大蔵少輔義成をも殺すに至ってはいささか度が過ぎる。おそらく、義光、この時、すでに老耄《ろうもう》の境に入って、深き思慮を喪《うしな》っていたものであろうか。

家親は、このような犠牲の上に、最上家を嗣いだのである。

家親自身は、以上の紛争には関係なかったであろう。

彼が長生したならば、後につづく悲劇は避けられたかも知れぬ。

だが、上述したごとく、彼は三十六歳にして早逝《そうせい》した。

しかも、奇怪な事には、この家親の死についても、毒殺説が伝わっているのである。

『古今武家盛衰記』によれば、義光の第四子山野辺右衛門義忠が、兄に当る家親を毒殺して最上の家督を奪おうとしたと言う。

義忠の手足となって働いたのは、鮭延越前守茂綱及び楯岡甲斐守義之、いずれも最上家の老臣である。

元和三年、駿河守家親は、鷹狩のために城を出て、その帰途、楯岡甲斐の邸に立寄って饗応《きようおう》を受けた。

その日から健康すぐれず、日ならずして病歿《びようぼつ》したので、毒殺の噂が立つ。

老臣松根備前守なる者、以前から楯岡、鮭延と仲が悪かったが、江戸に上って、幕府に訴え出た。

しかし、毒殺の噂だけで、確たる証拠はない。

――いたずらに曲事《くせごと》を申立てし段、不埒《ふらち》。

と言うことで松根は、筑後柳川の立花飛騨守にお預けとなる。

幕府では、家親の死後、源五郎義俊未だ幼年であるのに家臣たちが不和では心もとないとして、島田弾正、米津勘兵衛の両人を使として、山形に下した。

「老臣ども心を一つにして、源五郎を助けてゆくべきに、この有様は何事か」

と、詰問する上使に向かって、鮭延越前が密かに訴えた。

「源五郎義俊は天性愚かで、病弱でございます。とうてい、最上家を嗣ぐべき器ではございませぬ。故出羽守義光の遺児として現在生存しておりまするは山野辺右衛門義忠、これを以て最上家を立てて賜わらば、臣ら一同粉骨致しまする」

島田も米津も、これには耳をかさなかった。たとえ噂だけにしても、鮭延は山野辺義忠を当主とするために家親を毒殺したと言われている男なのだから、この訴えは取り上げないのが当然であろう。

自分たちの謀略画策が、尋常の手段では幕府によって承認され難いと見極めた鮭延は、山野辺や楯岡と心を合せて、上使に向かって、愕くべきことを放言した。

「老臣ら一同心を合せて、義俊を助けよとの仰せでございますが、この後、松根備前のような者が出てきて、上訴に及ぶようなことがありましたならば、如何《いかん》とも致し方ござりませぬ。これ畢竟《ひっきょう》、われら老臣共の力足らざるところ故、一同揃《そろ》って速やかにお暇《いとま》を頂いて、お国を退散 仕《つかまつ》りたいと存じまする」

もちろん、本心からそう言ったものではないだろう。こうまで言えば、幕府でも考え直すかも知れぬと計算したに違いない。

だが、この答えに当惑した島田、米津の両人が江戸に戻ってその旨を報告すると、将軍の裁断は峻厳《しゅんげん》であった。

――山形城は、陸奥、出羽、越後を控えて東国第一の要害である。しかるに城主義俊幼弱、家臣ども互いに不和と言うのでは、とうてい城を預け難い。義俊成長の後、再び考えてやることにして、一応、領国を収公せよ。

山野辺以下の老臣たちは、

――しまった。

と後悔したが、もはや如何とも致し方がない。

山形城請取りとして、本多上野介正純《まさずみ》、永井右近大夫直勝、蒲生下野守忠郷らが、三千余人を率いて下向。

源五郎義俊が近江に移されて、一万石を賜わったことは、既述のごとくである。

要するに、家親毒殺の件は、果して事実であるか否かは不明である。

山野辺義忠が水戸家に召出されて一万石を賜わったところを見ると、あるいは、彼自身は家親毒殺には関係がなく、ただ担ぎ上げられただけであったかも知れない。

しかし、悪者にされている鮭延越前守にしても、最上家退散後の行動は、立派なものなのだ。

浪人後も、十名の家臣が離れず、

——たとえ乞食となるとも、我殿をお養い申すべし、と附き従った。

その後、土井大炊頭《おおいのかみ》に召出されて、一千石賜わると、鮭延は、百石ずつその十人の家臣に分ち与え、自分は一日ずつ、それらの家臣の家を廻って暮らした。常々、

——子孫などはいらぬもの。

と称して、一生、女に触れなかったとも言う。

病死後、家臣たちは、古河城下に鮭延寺を建ててその菩提《ぼだい》を弔った。

こんな無欲な男が、山野辺を最上藩主とするために、家親を毒殺したり、義俊を却《しりぞ》けようとして奸略《かんりやく》をめぐらすと言うことは考えられない。

源五郎義俊についても『寛政重修諸家譜』には、

――若年にして国政を聴く事を得ず、しかのみならず、常に酒色を好みて宴楽にふけり、家老共これを諌《いさ》むといえども聴かず。

とあるが、同時に、元和五年六月、福島正則が改易処分にあった時、その江戸屋敷請取りの役目を仰せつかると、義俊が自ら家臣を率いて福島邸をとり囲み、正則の家臣を説得した手際をひどく誉《ほ》めたたえており、『武家盛衰記』のごときは、この時のことを、

――幼少であり、且つ俄《にわか》に仰せだされた事であるにもかかわらず、その下知手回し、凡人に非ずと諸人皆感じ合った、故に秀忠公は、義俊を召され、甚だ感賞あり、長光《おさみつ》の御脇差を賜わった。

と記している。満更の暗君でもなかったのであろうが、社稷《しやしよく》を潰《つぶ》した責任の一半が彼にあることも否定できない。

それにしても、後になってまた取り立てる折もあるからと言うようなことで、六十万

石をごまかされてしまったのは、いささか気の毒でもある。

義俊の子義智は、父の領一万石を半減され、五千石の旗本になったが、七歳の時お目見得仰付《おおせつ》けられ、父祖の領を一半なりとも回復したいと念じて、必死に勤務に励んだが、その甲斐《かい》なく、六十七歳まで働きつくし、疲れて、がっかりして侘《わび》しく死んだ。

――最上家の再興できないのは、義康の怨念《おんねん》だ。

と、人々は噂し合ったと言う。


最上家の廃絶は以上のように、甚だ後味の悪いもので、当主に家を潰されるほどの悪逆失態があった訳ではない。

まして、義光、家親二代にわたって徳川家に対して無類の忠誠ぶりを示しているのであるから、もう少し情愛のある態度をとってやれたのではないかと思うが、口実さえあれば、いつでも大名は取潰した方がよいと言う幕府の方針は、そんな人情論を容《い》れる余地のないほど冷酷であったのだろう。

それにしても義光の、家康に対する傾倒ぶりは異常であり、秀吉在世中から主君である秀吉に対するよりも、身分上同僚である家康に対して臣従しているように見えるのは、どうした訳であろうか。闊達《かったつ》奔放な秀吉とは、どこか人間的にぴったりしないところがあり、秀吉に愛されないことを見透して、秀吉に次ぐ権力者である家康に、万一の場合の保護を依頼しようとしたのであろうか。

秀次に娘を献じて、その好意を得ようとした点をみても、何か秀吉自身には近づき難いものを感じて、その養子秀次や実力者家康に近づいたのではないかと思われる。

ところが、既述のごとく、秀次に献上した娘、おいま御前は無惨な処刑を受けた。秀次が高野で自害した後、三条河原で処刑された秀次の妻妾は『甫菴《ほあん》太閤記』によれば二十九名、『天正記』によれば二十八名、『聚楽《じゅらく》物語』によれば、乳母も入れて三十四名である。もっとも『聚楽物語』によると、

——おいま御前、出羽の国最上殿の御娘、十五歳なり、未だ蕾《つぼ》める花のごとし、この御方、両国一の美人たる由聞召《きこしめ》し及び、様々に仰せ、去んぬる七月初め方、召上《めしのぼ》せられけるが、遥々の旅疲れとて、未だ御見参もなかりつる中にこの事出来ければ、云々《うんぬん》。

とあって、おいま御前は、義光が九戸陣で献上したのではなく、秀次の方から要求したことになっており、かつ、この時、未だ秀次の閨《ねや》に侍《はべ》っていなかったことになっている。

従って、このおいま御前の処刑については、余りに可哀想だと言うので、各方面から助命運動がおこり、秀吉もその気になって、

「命は助けてとらせよう。鎌倉に送って、尼にでもするがよい」

と言い出した。直ちに助命の使者が、伏見から京の三条河原まで馬を飛ばしたが、わずか一町余りの差で間に合わず、おいま御前の小さな美しい首は、前に落ちていた。

辞世の歌は、

――罪をきる弥陀《みだ》の剣にかかる身の、何か五つの障《さわり》あるべき
一説には、おいま御前の美色を耳にした秀吉は、これを自分の妾にしようと思っていたところ、秀次がものにしてしまったと聞いて大いに怒って、秀次を憎むようになったが、未だ秀次の枕席《ちんせき》に侍らぬを聞いて助ける気になったのだとも言うが、これはおそらく講談者流の作り話であろう。

義光は、愛娘《まなむすめ》の無惨な死を知ってむろん憤激したに違いない。豊臣家に対する反感、ひいて、徳川家に対する渾身《こんしん》のサービスは、この時からますます強化されていったらしい。その結果が家康の意を迎えるためにはどんな事でもあえてするようになり、嫡子義康の惨殺とまでなったのだ。

嫡子を殺し、娘を死なせ、千万辛苦して保とうとした大名としての最上の家が、孫の時代に早くも廃絶の憂目《うきめ》に遭ったことを知ったならば、地下の義光は、どんな思いをしたことであろうか。

なお、最上義康惨殺については、いろいろの因縁話が残っている。例えば義光の命によって義康を鉄砲で射った戸井半左衛門は、その後間もなく気が狂い、父母妻子を刺殺し、自分も胸を貫いて死んだ。

義康を讒した原、里見の両名は両人とも右の手と左の足を切り落とされ、耳鼻をそがれて放逐され、国内を流浪したが、童《わらわ》たちが、

——奇妙な乞食じゃ。

と、石を投げ、棒で追うので、山野に逃れてついに野犬に喰い殺され、死骸散乱した。

——これを見る者共、主君の御罰当りたるよと唾《つば》吐きかけて通りし、云々。

などこの他にも若干あるが、いずれも、大分作り話めいているから、省略することにする。

本多上野介正純

本多正信、正純《まさずみ》父子は、徳川家にとって、その創業期の柱石とも言うべき功臣である。にもかかわらず、豊臣氏亡《ほろ》んで七年後の元和八年（一六二二）、正純は、早くも領国没収の憂目《うきめ》に遭っているのだ。

しかもその理由は甚だ微弱で、容易に納得し兼ねるものがある。

正純の父正信は、天文七年（一五三八）三河国に生れ、家康に仕えたが、代々熱心な一向宗の信者であったので、永禄六年（一五六三）、家康が一向宗を弾圧した時、これに叛《そむ》いて大いに戦った。

宗徒利あらず、争乱平らぐと、正信は大坂に逃れた。

ここで松永久秀のもとに食客となっていたが、ついで加賀に赴き、一向一揆《いっき》の指導者となって大いに活躍した。

信長の討伐によって、門徒の勢が衰えると、再び各地を浮浪していたが、旧知の大久保忠世《ただよ》が彼の才幹を惜しんで、家康にとりなしてくれたので、天正十年(一五八二)、家康のもとに帰参がかなった。

最初の功績は、本能寺の変を堺《さかい》で知り、途方に暮れていた家康を、間道から脱出せしめたことであったと言う。

その後、抜群の智謀をもって家康に愛され、天正十七年、従五位下佐渡守に叙せられ、翌十八年、家康の関東移封に伴い、上野八幡で一万石を賜わった(異説によれば相模甘縄)。

関ヶ原前後から豊臣氏滅亡に至るまで、家康にとって、まさしく帷幄《いあく》の謀臣であったと言ってよい。

家康も、正信をまるで朋友のように扱い、秀忠は長者の礼をもってこれに接したと言う。

正信も、家康を大殿、秀忠を若殿と呼んで、君臣の親和、稀《まれ》に見るところと称された。

石川丈山《じょうざん》の記すところによると、正信は、家康の言うことが自分の考えと違っている時は、居眠りをしているふりをして知らん顔をしており、自分の考えと同じだと、結構この上もなしと、無茶苦茶に誉《ほ》め上げたと言う。家康に劣らぬ狸親爺《たぬきおやじ》だったのであろう。

伜《せがれ》の正純は、永禄八年生れ、父と共に家康に仕えて寵愛《ちょうあい》をほしいままにし、慶長六年（一六〇一）従五位下上野介に任ぜられた。

家康が駿府に移ると、父正信は江戸に在って将軍秀忠の執政となり、正純は駿府に在って家康の執政となり、父子揃《そろ》って台閣に立ち、権勢並びなき勢を示した。

しかもこの時、正信の領地はわずかに二万石に過ぎなかったので、家康は三万石加増してやろうとしたが、正信は、固辞して受けず、秀忠が再三すすめて、ようやく一万石だけ加増を承諾させた。

正純の方は、家康の執政として、小山《おやま》及び近江国に三万二千石を与えられていた。

元和二年、家康が歿《ぼっ》すると、二カ月後に正信も死んだ。

正純は駿府から江戸に移り、父の後を襲って閣老の一人となったが、元和五年、宇都宮城十五万石を賜わった。伜の方は、父のような堅苦しい遠慮はしなかったのである。

正純についての世評は、毀誉《きよ》相半ばしている。

関ヶ原役の時、秀忠が上田城の真田《さなだ》昌幸《まさゆき》に支えられて、天下分け目の戦場に遅れて到着した時、家康は非常に憤った。

正純は、秀忠のために陳弁して曰《いわ》く、

「秀忠公の遅れられたのは、参謀たる父正信が謀《はかりごと》を謬《あやま》ったためでございます。どうか父正信を処罰して、世子公の咎《とが》でないことを天下に明らかにして頂きとうございます」

家康の機嫌が、これで多少良くなったので、秀忠は大いに悦《よろこ》んで、

「よくぞ言うてくれた。今日のその方の言葉は、一生忘れぬぞ」

と感謝した。

正純、大いに面目を施し、得々として退出してくると、安藤直次がこれを見て、ある人に、

「上野介も、先の見込みはないな、己れの父を傷つけて、いい気になっているようでは、危ない、危ない」

と、歎息した。

ところが、その後、正純は、家康、秀忠父子の覚えめでたく、ますます登用されてゆくので、その人が、直次に皮肉を言った。

「一向危なくないではありませんか、上野介はますます出世している」

「いや、危ないのは、これからだ」

その後、正純が宇都宮十五万石を賜わったので、その人は直次に、また言った。

「どうです、あなたの見込み違いでしょう」

「いや、今こそ、危ないのだ」

宇都宮に居ること三年、領国没収されるに及んで、その人初めて、直次の明察に服したと言う。

これは正純にとって不利な記述だが、反対に、大いに正純を賞讃したものもある。

大坂役後、坂崎出羽守が千姫事件で将軍を恨み、邸《やしき》に閉じこもった。

幕府の閣老たちが相談の上、坂崎の家老たちに、偽って、

——坂崎出羽にすすめて自害させよ。さすれば、世嗣《せいし》を立てて坂崎家を立ててやろう。

と、申入れることにした。

正純は、その謀略を断乎《だんこ》として却《しりぞ》け、

「不臣を罪するために、不臣をすすめるは天下の政道に反する。また、坂崎家取潰《とりつぶ》しを決定しながら謀略として世嗣取立を約するは、天下に信を喪《うしな》う所以《ゆえん》である。速やかに軍勢を差向けて誅伐《ちゅうばつ》すべきのみ」

と、主張してゆずらず、衆議一決すると、

「それなら、私はその決議に連署せぬ」

言う。

と署名を拒んだ。柳生但馬守宗矩《むねのり》、この一事を挙げて、正純を大いに賞揚していたと

正純、幕閣に在って政《まつりごと》を輔《たす》けること二十三年、その赫々《かっかく》たる功績にもかかわらず、元和八年、突如、領国を召上げられたのは、果していかなる理由によるか。

俗説では、いわゆる宇都宮釣天井《つりてんじょう》事件なるものが、まことしやかに言い伝えられており、正純が将軍家を謀殺しようと図ったがためであるとされている。

もちろん、全くのでたらめである。

しかし、その虚妄《きょもう》を論断する前に、その俗説そのものの大要を記してみよう。

これによれば、正純はかねて、秀忠の次子忠長を将軍に擁立したいと考えていたが、長子家光が将軍になってしまったので、密《ひそ》かにその暗殺の機会を狙《ねら》っていた。

たまたま、寛永十三年（一六三六）、家光が、家康七回忌に当り、日光廟《びょう》に参詣《さんけい》するため、宇都宮城に一泊することになっていたので、正純は、将軍の寝室に釣天井の仕掛けをして、これを圧殺しようとした。

その工事を命じられた大工の一人与五郎なる者が、恋人である名主植木藤右衛門の娘

お稲に会うために、一夜、城を脱《ぬ》け出し、この工事のことをお稲に話したが、工事完了と共に、秘密保持のため、同僚と共に殺されてしまう。

お稲は悲歎の揚句、委細を記した遺書を残して自刃《じじん》したので、父藤右衛門はその遺書をもって、井伊掃部頭《かもんのかみ》に訴え出た。

家光は、正純の異図を知って日光への途中から引返し、正純はついに処断された。

多少の差異はあるが、本筋はおおむねこんなところである。

しかし、この俗説が、全くでたらめであることは一見して明白である。

第一に、家康の七回忌は元和八年で、寛永十三年ではない。また寛永十三年は、正純が城を没収されて出羽へ流されてから十四年も後のことになる。

第二に、正純の在職中である元和八年四月、家康七回忌に当り日光に参詣したのは、家光ではなく、二代将軍秀忠である。家光が将軍になったのは翌九年である。

第三に、最も大きな誤りは、万一、正純に謀叛《むほん》または将軍暗殺などの企図があったとすれば、とうてい、領国没収、流罪ぐらいのことで済むはずはないと言う点だ。

それは切腹どころか、磔《はりつけ》にもなるべき重罪なのである。

正純に対する処罰は、初めは宇都宮十五万石から、出羽由利郡五万五千石への減封処分であったことからみても、そんな重罪のためではなかったことは明らかである。

しかし、釣天井の巷説《こうせつ》は、当時、かなり広く信じられたらしい。

釣天井ばかりでなく、他にもいろいろの仕掛けがしてあったとも噂《うわさ》された。

城中御殿の遣戸《やりど》ごとに、別の戸を一つずつ設けておいて、そこから暗殺者を乱入せしめようとしたとか、湯殿の板敷きを踏むと、下に落ち込むようになっており、下には白刃が逆さに植えられていたと言った類《たぐい》である。

新井白石は、これらの浮説を、跡形もなきことなり、とはっきり言い切っている。

しかし、元和八年四月、秀忠が日光山に参詣し、その帰途、宇都宮城に立寄る予定を急に変更して、密かに江戸に帰ったと言うのは事実らしい。

『台徳院殿御実紀』によれば、

——四月十九日、山を降り給ひ今市より出《い》で立たせ給ふころ、江戸より御台所御不予の由、告げ来れば、宇都宮城には立寄らせ給はず、急に御駕を急がせ給ひ、今夜は壬生《みぶ》にとまらせらる、井上主計頭正就《まさなり》一人、宇都宮城に入つて、御旅館構造のさま巡察して帰る。

とあって、予定変更の表面上の理由は明らかである。

ところが、同じ『台徳院殿御実紀』には、

――城中ではひそかに木柵《もくさく》を数多く設け、御殿の床を高く造り、その下を自由に往来できるようにしてある。しかもこの営造は深夜、大急ぎで行われ、工事に従った者は一日のうちに殺された。

と言うような雑説が、秀忠の一行のもとに注進されたとも記してある。

秀忠は、四月十四日、日光へ往《ゆ》く時にすでに一度、宇都宮城に泊っているのだ。その時は何事もなく済んだはずなのだが、後になって、

――いや、あの時すでに変であった。寝殿の戸の枢《くるる》が落ちて戸が開かなかったし、火事の用意と称して御膳の終るまでの間、城中の一切の火を消させたり、先行した従者の行李《こうり》も置かせなかったし、病人に薬をやるための湯を頼んでもくれなかった。ために先駆の土井利勝一行は野陣を張って、馬の鞍《くら》も外さず一夜を明かした。考えてみれば怪しいことばかりだ。

と言い出す者があったので、宇都宮止宿を避けたと言う説も『御実紀』に併記されている。

要するに浮説紛々として将軍の帰路変更の真因は容易に摑《つか》み難い。

殊に、白石が、

――宇都宮より忍びて還《かえ》らせ給うたのは、深き御心ある事なりという人があり、その理由また二カ条あり、その一条は、さもありなんかと思われるが、他の一条はどうやら本当とは思われぬ。いずれにしても世に伝えて益のないことと思われる。

と述べているのは、後述の城修築、根来《ねごろ》同心殺害とは別の事らしいが、いったい、どう言うことなのであろうか。今となっては窺《うかが》い知る由もないのである。

宇都宮城は天慶の頃、藤原秀郷が下野押領使《おうりょうし》として居住した館址《やかたあと》を、宇都宮家の祖、宗円が受けついで城郭とし、二十二代国綱の時に至って、豊臣秀吉のために没収されたものである。

その後、蒲生秀行が会津から移封されてきて、城郭を修理し、不動口、歌の橋口、伝馬町口、佐野口を開いた。

更に慶長七年奥平家昌が城主となったが、その子忠昌の時下総の古河へ移り、その後を襲って、元和五年十月、宇都宮城主となったのが、本多正純である。

正純は、宇都宮に入部した時、大手前の大明神の社殿から城を望見して、その規模の余りに小さいのに驚いたと言う。

彼は直ちに城郭の大拡張を決意し、松ヶ峯の西に外堀を設け、三の丸外に三日月堀を築造し、土塁の固めには石垣を設け、二の丸城館の大修築を行った。

更に中河原の成高寺を他に移し、中河原を城内にとり入れ、釜川淵《ぶち》に土手を築き、今小路御門を設けて、家中屋敷を建て並べた。

城内一帯にわたって門、櫓《やぐら》、土塁、仕切を増設し、三の丸の塀一千百七間の修理を行い、城下の木戸番所を新設増強して、防備と治安とを厳にした。

在城わずか三年の間に、これだけの改修を施し、城は全く面目を改めて、さながら新城のごとくなった。

が、それらの大工事のほぼ完了した時、早くも、幕府の嫌疑を受けて、城を取り上げられてしまったのだ。

これらの大修復工事を、正純が全く幕閣の諒解《りようかい》なしに、勝手にやったとは思われない。幕府の禁令は、何人よりもよく知っているはずの正純なのだ。

おそらく、正純としては、その地位からみて、幕府に届け出て許可を得ると言うことは、事実上自分の同僚たる他の閣老の承諾を求めるに過ぎぬようなものであるため、正規の繁雑な手続きを踏むことを省略した点があったのではないか。

あるいは知らず知らずのうちに、正規の届出以上のことを、自分の見積りで認めてしまったのではないか。

平時ならば、それは格別問題とならなかったであろうが、誰か故意に正純を陥れようと狙っている者があれば、こうした手落ちないしは多少のやり過ぎは直ちに弾劾の的になる。そしてそれは、公の禁令に照らし合わされれば、非難されても已《や》むを得ないものなのである。

では、正純を狙っていたものは？

それはおそらく、無数にあったであろう。

父子並んで台閣にあり、永年権勢を握っていたと言うだけでも、多くの人に嫉妬《しっと》され、怨《うら》まれ憎まれていたことは、容易に推測し得られる。

同僚に対しても断乎として譲らない正純の性格は、前に述べた坂崎事件の時の態度でも明らかだが、こうしたことはよかれ悪《あ》しかれ、敵を多くしていたに違いない。

最も注目すべきことは、正純が家康の死後、それ以前とはかなり違った立場におかれていたと言うことである。

父正信以来の功績はあり、閣老の列に加わっていたものの、以前から秀忠に信任されていた酒井忠世、土井利勝、井上正就などの方が、当然政権の中核を形成し、駿府から戻ってきた正純は、いささか異分子たる感じを免れなかったに違いない。

土井と井上とは親戚関係にあって極めて仲が良かったし、従来正純の父正信に気圧《けお》されていた酒井もこれに加わって、正純を意識的に疎外しようとしたかも知れぬ。

大いに封を加えて宇都宮十五万石を与えられたのも、先代からの功臣に対し、処遇を厚くする代りに政権の表面からは退くことを、暗に要求したものだと解しているものさえある。

しかし、正純はこの間の微妙な空気を充分に汲《く》みとり得なかった。彼は依然、家康に直接信任されていた時と同じ意識をもって行動した。

そのために、ますます多くの人に忌避されるようになった。そして、彼を憎んだ多くの者の中に、奥平氏があったことが彼の不運だったのだ。

奥平忠昌の祖母に当る加納殿は、家康の娘で、秀忠の姉に当る。

この加納殿が正純をかねてからひどく恨んでいた。

四女の嫁ぎ先である大久保忠常の父忠隣《ただちか》が、小田原六万五千石を没収されたのを、正純の讒訴《ざんそ》によるものと、女心に固く信じ込んでいたからだ。そして、それは、多少根拠があることだった。

ところが、その後、加納殿の孫に当る奥平忠昌が、宇都宮から下総古河に移され、その後に憎らしい本多正純が、大加増を受けてやってくることになったので、加納殿は大いにむくれたらしい。

宇都宮城を撤収して古河へ移る時、城内の戸障子、建具類一切をとり外して荷造りして、古河に送ろうとした。

宇都宮城を請取りに来た正純の家臣が愕《おどろ》いて、強硬に談判して、ようやくこれをとり戻したが、加納殿は、ますます憤慨した。

新たに移ってきた古河城は渡良瀬《わたらせ》川に臨んで、増水期には汚水が城門内にまで流れ込んでくる状態だったし、領内の実収が減少していることも加納殿はひどく不満で、できれば、もう一度、旧領宇都宮に戻りたいと切望していたらしい。

その加納殿が、宇都宮城修築について、種々の噂を耳にしたのは、おそらく、宇都宮領内の人々の口からであろう。

正純が城の修築に巨額の費用を要し、貢租の取り立てにややきびしさを加えていたため、領民が旧領主奥平氏を懐かしんでいたと言う事情もあったであろう。

噂は尾ひれをつけられて古河城中に齎《もたら》されたが、加納殿は、これこそ勿怪《もっけ》の幸いと、直ちにその旨を書状に認《したた》め、

――上野介、宇都宮城中の殿舎営造に不審の点多し、もしや上様に異図を抱き奉るに非ずやと推察。

と言ったようなことを堀伊賀守利重の手を通じて日光山にある将軍のもとに急使を立てて報《し》らせた。

これを受け取った将軍随行の閣老は、さすがにそのまま事実とは受けとらなかったが、何にしても抛《ほう》っておく訳にはゆかない。

将軍に扈従《こじゅう》した水戸宰相頼房、藤堂和泉守、天海僧正らにも密談した上、急遽《きゅうきょ》、予定を変更して将軍は宇都宮城止宿をとりやめ、壬生に直行することとなったと言うのが一説だ。

宇都宮城に検分の使者として入った井上正就は次の条々に就いて取調べた。いずれも加納殿が、堀伊賀守を通じて密告した点である。

第一、鉄砲を私《ひそ》かに製造、公の関所を欺いて通したこと。

第二、宇都宮城の普請に与《あずか》った幕府附人たる根来同心を、ひそかに殺したこと。

第三、宇都宮城の二の丸及び三の丸の修築を申立てながら、本丸の石垣をも改築したこと。

第四、宇都宮城中の殿舎の改築について、怪しき構造あること。

第五、将軍御成り間近において、宇都宮城外堀に菱《ひし》を入れしこと。

第六、宇都宮城御着の日、夜に入っても、市中に火を用うるを禁じたること。

以上のうち、第四、第五、第六については、将軍の来着に伴う警戒措置の行き過ぎ、または誤解として諒承されたが、第一、第二、第三については、正就が江戸帰着後、閣老の間で、有罪なりと判定された。

第一の点は、正純が宇都宮就封の際、武器の欠乏を痛感し、これを急速に充実せしめようとして、私かに堺において鉄砲を買入れ、通常の荷物のごとく筵《むしろ》包みとして中山道を宇都宮まで送らせたことが分明したのである。

第二の点は、正信の代に幕府から本多家に附属せしめられた根来足軽同心百人があり、城修築に当ってこれを使用しようとしたところ、足軽らは、我々は公の軍用のために幕府より附けられたもので、城普請の手伝いなどする必要はないと拒んだので、正純が大いに怒って、悉《ことごと》く殺害したと言う事件である。

もっとも、異説によれば、根来同心と本多家家老武井九郎衛門の間に争いが生じ、同心らが武井に危害を加えようとしたので、その首魁《しゅかい》と思われるもの数名を殺したに過ぎないとも言う。

いずれにしても、この件については、新井白石も『藩翰譜《はんかんぷ》』に、

——上の御旨をも伺はで、ほしいままに己が城を修し築く、また、大御所の御時より根来衆と言ふ足軽の兵百人を附け給ひしに、かの城修する時、その百人を役に充塡《じゅうてん》せんとせしを、我々私の役に従ふべきやうはあらじと催促に従はざりしを、一日のうちに悉く斬つて捨つ、この二カ条、上を軽しめ参らせ、大法を犯せり。

と記しており、各種の資料からみて、ある程度の事実はあったものと見てよいであろう。

第三の点は、しばしば大名取潰しの口実とされたものであり、前に述べた福島正則の場合においても、これが領地収公の理由とされた。

以上の三点が有罪と決定しても、直ちに処罰しようとすれば、あるいは正純がこれに

服しないで、宇都宮城に拠《よ》って面倒な事態になるかも知れぬと考えた幕府は、巧妙な手段をもって対処した。

すなわち、この元和八年、山形城主最上源五郎義俊が、家老らの内紛のため城地を没収されると言う事件があったので、この山形城請取りの役を、正純に命じたのである。

正純は命のままに、八月山形に赴いて最上の家臣から城を請けとり、副使として後から来た永井右近大夫直勝にこれを委《ゆだ》ねた。

しかるに、正純が外郭の上山兵部旧宅に憩うていると、目付代である使番伊丹喜之助康勝及び高木九兵衛正次が、幕府使者として現われ、正純に対して不審の個条ありとして訊問《じんもん》し、正純一々これに対して弁明したが、三カ条については回答ができなかった。

そこで、康勝は、

——其方儀、御奉公仕方、上意に応ぜざるにつき、宇都宮城地召上げられ、出羽由利において、新規五万石これを下さる。

と言う幕命を伝えた。

正純としては、おそらく寝耳に水であったろう。

元来負け嫌いの男だから、憤然として、

「この正純の御奉公の仕方が、上意にかなわないとは心外千万、この上は、新規に賜わる五万石も頂戴《ちようだい》致し兼ねる」

と、言い放つ。

それでは徒《いたず》らに角を立てることになるからと、康勝、正次両人がこもごも慰撫《いぶ》したが、意地になった正純は、頑として聞かない。

康勝已むを得ず、江戸へ戻って復命すると、上を侮る不届者と言うことになり、佐竹右京大夫へお預け、出羽国横手へ配流《はいる》の処分となったのである。

配流後の正純について、次のような話が伝えられている。

出羽の領主佐竹義宣《よしのぶ》は、正純に同情もしたし、また、徳川創業の功臣であるから、いつか再び返り咲くこともあるかと考えて、非常に鄭重《ていちよう》に待遇した。

配所の地数町のところは自由に出歩くことも黙認したのみならず、時々義宣自ら正純のもとを訪れて昔話などして慰めた。

ある時、正純は、義宣に向かって、

「関ヶ原役の後、あなたの旧領常陸が召上げられたが、あの時、初め、大御所様（家康）は、佐竹は直接敵対した訳でもないのだから、五十四万石の所領の半分も召上げてはどうかと言われた。ところが、私が反対して二十万石に減らしてしまったのだ。今日、こんなにお世話になると知っていたら、あんな余計なことを言わずに、大御所様の言われる通りにしておけばよかった」

と、打明け話をして、互いに大笑いをした。

ところが、このことが江戸へ聞こえると、

——正純、御勘気を蒙《こうむ》って謹慎すべき身でありながら、御政事向きの内密のことを口外するとは以ての外なり。

として、幕府から佐竹に対して、正純の処遇を厳しくせよと通達してきたので、佐竹家でも已むを得ず、正純の住居の四方に柵《さく》をつくり、戸障子まで釘付《くぎづけ》にしてしまったと言う。

秀忠は、関ヶ原役の際、父の怒りを正純に解いてもらったこともあり、正純に対して、多少の不快の念を持ったことがあったとしても、それ程深く憎んでいたとは思われない。

正純に対して、ここまで意地悪く当ってきたのは、おそらく政敵である酒井、土井、井上らの諸閣老であろう。

正純は、憂悶《ゆうもん》のうちに、寛永十四年、配所に歿した。年七十三歳。

正純には、正勝と言う子があったが、父と共に横手に流され、父に先立って、寛永七年、三十五歳で死んだ。

正信の弟、正純の叔父に正重と言うのがいる。

初め兄と共に家康に仕え、姉川役、長篠役に手柄を立てたが相当な毒舌家だったため、後輩と始終、悶着を起した。

三河に居られなくなって尾張に赴き、滝川左近将監《さこんのしょうげん》一益の足軽大将となって神吉城を攻めたり、前田利家の部下として佐々《さっさ》成政と戦ったり、蒲生氏郷の軍《いくさ》奉行として岩石《がんせき》城攻めに加わったり、転々として主を変えている。

慶長元年になって、十数年ぶりに家康のもとに帰参した。

関ヶ原の役には何をしていたかと言うことについて、三説ある。

その一は、家康の軍中にあって検使の役をつとめていたと言い、その二は、西軍の宇喜多秀家の先鋒《せんぽう》として福島勢の陣をかけ破ったと言い、その三は、逆に福島正則に属して戦ったと言う。

さっぱり訳の分らぬ男だ。

大坂役の時に、秀忠に扈従して、その功により元和二年七月下総に一万石を賜わったが、その翌年死んだ。

もっとも、この正重は、正純の弟に当る政重と名が似ているため、その事蹟まで混同されている点が多いようである。

関ヶ原役における所属の混乱なども、その一例であろう。

正純には政重と忠純の二弟があった。

末弟の忠純は、大坂陣に抜群の功を立て大隅守と称し、二万八千石を領したが、過ちを犯した郎党を誅《ちゆう》しようとして誤って自ら傷ついて死んだ。

変っているのは、次弟の政重である。

叔父、正重と、名前ばかりでなく性格も似ていたかも知れない。

初め倉橋長右衛門の養子となり、家康、秀忠に仕えたが、慶長二年八月、岡部庄八と言うものと衝突し、これを討ち果して伊勢に脱《のが》れ、正木左兵衛と名乗っていた。

その後、宇喜多秀家、福島正則、前田利長に仕えた。前記、正重ととり違えられることの多いのは、この辺からくるのであろう。

なおこのほかに、大谷刑部吉継にも仕えたと言われ、小早川秀秋にも招かれたと言う。

いずれにしても、敵味方の双方に仕えたように言われているのは、甚だいぶかしい。いかに戦国の末期とは言いながら、余りに節操がなさ過ぎるようだが、一説によれば、これは父正信の内命を受けて、各大名家をスパイして廻ったのだとも言う。

そう言えば、大谷、宇喜多、福島、小早川、前田などいずれも、当時反徳川またはその恐れのあったものばかりである。

福島家を浪人してから、前田家に仕えたのだが、その時の知行は三万石、本多山城守と称した。

ところが慶長九年、前田家を辞して米沢に赴き、上杉景勝に仕えている。それも、前田の仲介によってである。

条件として、政重は直江兼続《かねつぐ》の娘の婿となり、男子が生れたら上杉景勝の嗣子とすると言うのであるからまことに奇妙な話である。

強いて推測すれば、幕府から睨《にら》まれていた上杉家が保身の術として、当時徳川家筆頭の勢威を誇る本多正純の意を迎えようとしたのでもあろうか。

妻となった直江兼続の女《むすめ》が死んだので、同じく兼続の姪《めい》に当る女を後妻にしたが、男子は生れなかったらしい。

上杉の家臣として米沢に在ること八年、慶長十六年四月、政重は上杉家を去った。すると徳川幕府の忠勤者藤堂和泉守高虎は、書を前田利長に送って再び政重を召抱えることを勧めた。利長これに応じて政重を招く。知行は三万石、三年後には五万石、もちろん、家老の一人である。爾来《じらい》、正保四年（一六四七）六十八歳で死ぬまで、前田藩の重鎮として大きな役割を果している。

兄正純の没落も、この男の地位には何の変動も及ぼさなかった。政重が三人目の妻に生ませた長男は、将軍家光に仕え、五千石の直参の旗本になった。家をついだのは、四男政長である。

家光から、その方の忰を一人差出せと言われた時、政重は、親戚一同の反対を押し切って、長男を差出したのだ。その時の言い草が、ふるっている。

「長男は少々ぬけているから、百万石の前田家の家老はつとまらぬ。しかし将軍家は八百万石、一人や二人の馬鹿を召抱えていても大した差支えはあるまい」

本多一族、悉く、多少とも風変りな人間が揃っていたとも言えよう。

松平三河守忠直

参議松平三河守忠直は、徳川家康の第二子越前宰相秀康の子であり、家康にとって孫であるのみならず、第二代将軍秀忠にとっては、その第三女勝姫の婿《むこ》である。

この、将軍家にとって最も緊密な関係にあった忠直が配流《はいる》の憂目に遭ったのは、直接の原因が彼自身にあったにせよ、その遠因は越前松平家初代の秀康の時にあったと言ってよい。

秀康のことは、先に松平忠輝の事を記した際にもちょっと触れておいたが、生れながら、余り父家康に愛されなかった。

秀康の生母は、於万《おまん》と言う女で、家康がまだ三河にいた頃、湯殿で手をつけて、秀康を生ましたのである。幼名於義丸。『以貴小伝』によれば、家康の正室築山殿《つきやまどの》が嫉妬《しっと》して、懐妊中の於万を裸にして縛り上げ、浜松城中の一隅に捨てておいたのを、本多作左衛門重次が助け出して介抱し、無事に出産せしめたと言う。

しかも、家康は、これを自分の子として待遇せず、面謁さえ許さなかったが、三歳の時、兄に当る岡崎三郎信康が、無理やりに父子の対面をさせた。

天正十二年（一五八四）、豊臣秀吉が、家康との和解を図るため、家康の子を一人養子に欲しい、と申入れると、家康は於義丸を大坂に送った。

養子とは言え、もちろん人質である。他にも子はいたのに、当時一番年長で、当然徳川家を嗣《つ》ぐべき地位にある於義丸を送ったのは、やはり、家康が本当に彼を愛していなかったからであろうか。

これに反して秀吉は、於義丸を大いに愛した。直ちに元服させて羽柴秀康と名乗らせ、わずか十二歳の少年を四位の少将兼三河守に任じた。

小牧役後、家康が容易に秀吉の招聘《しょうへい》に応じないので、人質たる秀康が殺されるかも知れぬと言う噂《うわさ》が流れたことがある。この時も、家康は、

――あの倅《せがれ》は秀吉にやったものだ、わしの子ではない。秀吉が自分の子を殺そうと生かそうと、わしの知った事ではない。

と、平然としていたと言う。

実父にこうした冷たい態度をとられた秀康は、誰にでも胸襟《きょうきん》を開いて、暖かい人間性

を見せる養父の秀吉の方に、より大きい恩義と愛情とを感じたことであろう。

天正十八年、下総の結城晴朝が秀吉の一族を養嗣子として賜わるよう願い出ると、秀吉は秀康を与えた。秀康、結城家を嗣いで、十万一千石を領す。

秀吉の死後、家康が上杉景勝討伐のため下向し、小山《おやま》において石田三成の挙兵を聞いて引返した時、秀康は後に止まって上杉勢と対抗して、家康に後顧の憂いなからしめた。その功によって、越前国六十八万石（一説に七十五万石）を賜わって、北庄《きたのしょう》城に封ぜられた。北庄城が福井城と改めたのは後の事である。

入国すると、北庄城の大改築を行い、高禄を惜しまず広く人材を各地に求め、威望天下を圧すの風があった。

慶長十年（一六〇五）、異母弟秀忠が第二代将軍となったことは、著しく秀康の不満を激発した。

本多正信に向かって、

――兄三郎信康自害の後は、我こそ徳川家惣領《そうりょう》であるのに、弟秀忠を家督としたのは何故か。

と詰めより、正信が、

——殿はいったん太閤の養子となられた事ゆえ、

と答えると、憤然として、

——よし、さらば自分は徳川家の者でなく豊臣家の者として、義理の弟に当る秀頼を扶《たす》けよう。万一、大坂の秀頼に対して不軌《ふき》を図る者があれば、自分は大坂城に立て籠《こも》って一戦し、秀頼と共に死のうぞ。

と言い放ったと伝えられている。

慶長十一年、家康が、秀康に命じて、結城姓から本姓徳川に復せしめたのは、一種の懐柔策であったろう。また、翌年、秀康の病臥《びょうが》を聞いて百万石に加増しようとしたが、その儀に及ばぬうちに秀康が死んだので取りやめになったと言うのも、真偽はとにかく、秀康を何とか慰撫《いぶ》しようとした家康、秀忠父子の考えを示すものであろう。

秀康は、慶長十二年閏《うるう》四月八日、わずか三十四歳で、北庄城で病死した。

家康が手を廻して毒殺したというのは、虚説である。『当代記』に、

——日来《ひごろ》、痘瘡《とうそう》相わずらい、その上虚《きょ》也。

とある。梅毒と腎虚、すなわち女色が過ぎての病死というのが本当らしい。

英雄色を好んだためか、将軍職を弟に奪われた鬱憤《うっぷん》を晴らすために、自ら大いに酒色

に沈淪《ちんりん》したのである。

この点についても、幕府が、容色すぐれ、遊芸作法に通じたおやすと言う女に、怖《おそ》るべき病毒をもたせた上、秀康の妾としてすすめ、秀康の健康を奪ったのだと言う説が行われている。

いずれにしても、秀康の存在が幕府にとって目の上のこぶであったことは確かである。

秀康が死ぬと、その第一子で十三歳になっていた忠直に越前国主の後を嗣がしめた上、将軍秀忠の第三女勝姫をその正室として与えた。

忠直は、年少にして父の遺領六十八万石を受けついだいわば幸運児であるが、同時に、父が禄高をいとわずに集めた多くの癖の多い重臣部将をも引きついだ。その上、父が幕府に対して持っていた憤懣《ふんまん》の念も、半ば無意識のうちに受けついでいたに違いない。

そして、幕府側の、越前家に対する警戒心をもまた、当然の附加物として、引きつがなければならなかったのである。

慶長十七年冬、忠直の重臣らが両派に分れて大騒動を起した。

忠直、時に十八歳、年少の領主の下に、強大な家臣たちが多く存在するときには、必ずこんな事になるらしい。別に述べる加藤忠広の場合も、同じような事態であった。

この騒動は、俗に久世騒動と言われているが、その詳しい事実は不明である。この事件について記した『続片聾記《ぞくへんろうき》』『越藩史略』『藩翰譜《はんかんぷ》』等の記事は、悉《ことごと》く異なっていて、どれが正しいのか判定し難い。

要するに、秀康以来の重臣で、一万石を賜わっていた久世但馬守が紛争の中心にあり、丸岡城主であった今村掃部《かもん》が、これを除こうとして、いわゆる七家老互いに入り乱れて争い、家中も二つに分れたらしい。

忠直の重臣としては、本多伊豆守（三万六千七百石）、今村掃部（三万五千五百石）、中川出雲守（一万五千八百石）、清水丹後守（一万二千石）、竹島周防守（四千二百石）、谷伯耆守（三千石）及び久世但馬守などあり、このほか、岡部伊予、上田隼人、弓木左衛門、牧主殿《とのも》などの錚々《そうそう》たる連中があった。本多、今村、中川、清水、久世らは、陪臣とは言え、一万石ないし三万六千石を領する大身であり、小大名に匹敵する存在であるから、勢力争いや、面子《メンツ》争いは大変なものであったろうし、年少の忠直にはとうていこれを制御する力はなかったに違いない。

岡部伊予が江戸へ赴いて幕府に直訴しようとしたり、牧主殿が突如、高野山に上って入道してしまったり、今村掃部が謀略を以て本多伊豆を除こうと謀ったり、いろいろのことがあったが、結局、忠直は、本多伊豆守富正に命じて久世但馬を討たせることにした。

本多が討手《うって》を率いて久世の邸《やしき》に押し寄せると、久世の一味徒党、弓木、上田、竹島らは頑強に防ぎ戦い、寄手二百余人、久世方百五十人の死者を出したが勝負がつかない。翌日再び強襲して、ようやく久世、弓木を斃《たお》したので、上田、竹島の両人は、残った一族郎党の助命を乞《こ》うて自害して果てた。

この時、今村掃部は、忠直と共に城の櫓《やぐら》に上って観戦していたが、討手の将本多伊豆を背後から小銃で狙撃《そげき》させ、暴発だと言ってごまかそうとしたと言うから、利害関係は、ずいぶん複雑だったのであろう。

『越藩史略』によれば、本多伊豆は、忠直の命によって已《や》むなく、久世の邸に赴いて、久世が死罪に決した事を告げた。久世の家臣らが怒って本多を斬《き》ろうとしたが、久世は、

――自分の死後、自分の冤罪《えんざい》をそそいでくれるのは、本多殿のほかになし。

と言ってこれを押え、本多を饗応《きょうおう》して静かに送り出した上、決戦の準備をととのえたという。

家康はこの騒動を聞くと、本多以下生き残った重臣らを召喚して、自ら事情を聞いた上で裁断を下した。

その結果、今村掃部及び清水丹後は流罪《るざい》、今後、国務は本多伊豆守富正が沙汰《さた》すべしと言うことであった。

更に翌年、本多の一族の本多丹下成重に丸岡城を与えて、伊豆守富正を扶けて国務に当らせることとした。

これでどうやら納まるかに見えたが、慶長十九年、翌二十年（一六一五）に、大坂冬、夏両役が勃発《ぼっぱつ》し、これを転機として、今度は、若き国主忠直自身が、主役として現われる事になる。

冬の陣においては、忠直は合戦に参加していない。本多伊豆が兵一万五千を率いて京都まで出陣したが、直接城攻めに参加することなく北庄城に引揚げた。

おそらく、秀康以来、越前家中には大坂方に心を寄せる者が多いことを考えて、家康は越前兵の戦闘参加を危ぶんだのであろう。

しかし、夏の陣には、忠直の希望もあり、自ら将となり、本多富正、成重以下三万の軍を率いて、城攻めに加わった。

慶長二十年五月六日、忠直は使者を枚岡《ひらおか》の本営に遣わして、翌七日の京橋口進撃の先《せん》鋒《ぽう》を乞わしめた。

家康は、激怒している口調で、

——いったい、越前兵は今日一日ひる寝でもしていたのか。藤堂、井伊の両軍があれほど苦戦していたのを知らなかったのか。明日の先鋒は、前田利常に命じたから、無用。

と、罵《ののし》った。忠直を発奮させる謀略だったと言うが、それにしても乱暴なことを言ったものである。

果してこの返事を聞いた忠直は、

——前田に先を越されては天下に顔向けならぬ。封土を捨てて、高野山に入るか、切腹して果てるか。

と口惜しがったが、伊豆守富正は、

——たとえ軍令に背いても構いませぬ。明朝は前田に先立って進軍し、大坂城に一番乗りをした上ならば、死んでも無駄ではございますまい。

と励まし、忠直も死を決して、七日未明、茶臼山《ちやうすやま》に向かう。

前田勢の先手の者が、押し止めようとしたが、吉田修理が偽って、

――前田殿先手は岡山筋、天王寺表はこの越前勢へと軍令が出たのを、未だ御存知ないか。

と遮二無二《しやにむに》押し迫ってゆくと、つい目と鼻の先に茶臼山が現われた。みれば、「紅の旗吹貫《はたふきぬき》を立てつらね、つつじの花盛りに開くがごとくである。皆曰《いわ》く、これこそ真田（幸村）の備えなりと、吾先鋒と相去ること九町ばかりであったが、一、二町しかないように感じられた」（『松平津山家譜』）。

忠直、命を発して猛撃、大坂方随一の精兵と聞こえた真田勢と正面から衝突して死闘、ついに越前勢は、敵将真田幸村をはじめ、三千六百五十二の首級を挙げた上、大坂城内に一番乗りをした。

その進撃ぶりが余りにもすさまじく、諸軍未だ合戦の最中に、忠直のつま黒の旗が城中に立ったので、家康は愕《おどろ》いて、

――忠直め、昨日のわが言葉を恨んで、味方を裏切って城中に一味しおったか。

と地団駄踏んだが、やがて火の手の上がるのを見て、勘違いしたことを知って、大いに悦《よろこ》んだという。

大坂落城の二日後の五月十日、家康は二条城に忠直を召寄せ、

——今度の大坂攻めにその方の功績は抜群中の抜群であった。感状を授けるべきであるが、家門の事であるからその必要もあるまい。わが子孫の末に到《いた》るまで、その方を疎略には思うまいぞ。恩賞は追って沙汰するが、当座の印として初花の茶入を与えよう。

と、絶讃し、将軍秀忠も、

——そこもとの働きによって早速《さそく》に天下統一をなし得た、恩賞の印として貞宗の脇差を与えよう。

と賞美した。

若い忠直が有頂天になったのは、当然のことであろう。

家臣共を集めて大いに酒宴を張り、

——いずれ加増の御沙汰があろう。今度の合戦に功名ありし者には充分に酬《むく》いようぞ。

と大満悦の態《てい》であった。

ところが、その後、家康も秀忠も、まるで忘れてしまったもののように、何の恩賞の沙汰もない。

忠直は憤慨やる方なく、家臣共に対して、

――あれほど恩賞加増を約束されながら、今日に到るまで、与えられたものは初花の茶器と脇差一本だけだ、命を棄《す》てて働いてくれたお前達に酬いる何物もない。この茶器を存分にしてくれ。

と、初花の茶壺《ちゃつぼ》を抛《ほう》り出したので、天下の名器も真二つに割れてしまったと『越陽秘録』には載っているが、その実この初花は、無事に保存されて、元禄十二年（一六九九）再び将軍家に献上されている。

しかし、忠直が、ひどく自尊心を傷つけられたこと、家臣に対しても面目を失ったと感じたことは間違いない。

翌元和二年四月、家康が死んだ時にも、忠直への形見分けは、国次の刀一振りと、銀五十枚に過ぎなかった。

その憂悶《ゆうもん》を晴らすために、忠直は次第に酒色に沈湎《ちんりん》し、所業も荒々しくなって、いわゆる忠直卿御乱行の風聞が極めて大袈裟《おおげさ》に伝えられるようになったのである。

『続片聾記《ぞくへんろうき》』によれば、ある夜忠直が天守閣で涼んでいると、一枚の美女の絵姿が飛んできた。その美貌《びぼう》に打たれた忠直が、絵姿の主を探らせ、関ヶ原の問屋の娘がそれに瓜《うり》二《ふた》つだと言うので召出し、寵愛《ちょうあい》限りなく、一国にも替え難い女だというので一国と名乗らせたと言う。

この一国女が残忍な女で、笑いを見せた事がなかったが、孕《はら》み女を死刑にしたのを見て初めて笑顔を見せた。

そこで忠直は、一国女の笑顔を見るために、国中の孕み女を探し出しては惨殺してみせた。その他、石の臼で人をひき殺して一国女に見せてその歓心を買おうとしたとも伝えられている。

一国女は、眉目凄艶《びもくせいえん》で、髪の長さ一丈余、忠直を完全に丸めこんでしまったらしい。忠直は二の丸に一国女を移して日夜これに溺《おぼ》れ、正室勝姫を全く顧みない。

勝姫は生来勝気でもあり、将軍の娘だと言う気もあって、忠直のことを江戸に向かって逐一報告する。忠直が怒ってこれを傷つけようとした事件まで起り、勝姫はついに、三歳になる仙千代を連れて江戸へ逃げ帰ってしまった。

この間、小山田多門と言う奸臣《かんしん》を重用し、その一党を登用して政事をもっぱらにさせたので、国内擾々《じようじよう》として治まらず、加うるに、忠直は、病気と称して江戸への参覲《さんきん》も怠ける状態であった。

『藩翰譜』には、忠直の不行跡の一つとして、永見事件なるものが載せられている。

秀康の家人で永見右衛門と言うのは、家康の従弟に当る名門であり、一万七千石を領したが、秀康の死んだ時に殉死した。

その幼児、右衛門が家督をついだが、母である永見の後家はすこぶる美女の聞こえが高かった。

忠直これを聞いて、召出して側室にしようとしたが、女は髪を剃《そ》って仏門に入ってしまったので、大いに怒って、その子右衛門を誅《ちゅう》せよと命じた。

永見家では一族郎党を集めて、抵抗の決意を見せたが、本多丹波の説得によって、一応解散した。

すると、急に、三百騎の城兵が押しよせてきて、永見一族を悉《ことごと》く攻め殺してしまったと言う。

こんな事件が度重なったので、幕府も捨てておく訳にゆかず処罰することになったが、事態を心配した忠直の生母清涼院は自ら江戸から越前に下り、懇々とさとして、将軍家の意向として、豊後国萩原へ配流の処分を告げた。

忠直は、予期に反して、極めて穏やかにこの申入れに服し、裏門から城を出て、豊後へ向かった。元和九年二月、忠直二十九歳。

敦賀で入道して一白と改め、五月、豊後国萩原着。府内城主竹中采女正重義これを預かり、五千石を附与さる。

寛永三年（一六二六）になってからその地が海浜に近過ぎて逃走の怖《おそ》れがあると言うので、三里ばかり奥の津守に移された。

俗説では、忠直が配流に決定すると、奸臣小山田多門は誅に伏したと言うが、『徳川実紀』には、はるか後の承応三年（一六五四）に羽州米沢で配死したと明記されている。

また、一国女は、何者かのために駕籠《かご》の中で殺されたまま、一乗寺門前に抛り出されていたので、一乗寺で埋葬したと言う。

忠直の不行跡として伝えられるものは、おおむね上述したごときものである。

しかし、その一つ一つを検討してみると、果してこれが事実であったか否か、甚だ疑わしい。

第一に一国女なる美女が見出された事情は、いわゆる絵姿女房の伝説として、各地に類似の話が伝わっており、とうてい現実にあった事とは思われない。

また、その美女が少しも笑わず、孕み女の死罪を見て初めて笑ったというのも、多くの類似伝説のある話である。最も著名なのは、周の幽王の皇后褒姒《ほうじ》であろう。

褒姒は絶えて笑うことがなかったが、ある時幽王が外敵の侵入をしらすための烽火《のろし》をあげ、慌てて馳《は》せ来った諸侯が、何事もない様子に啞然《あぜん》としているのをみて、初めて大いに笑った。

そこで幽王は、褒姒を笑わすために、しばしば烽火を上げたので、実際に申侯が西夷《せいい》犬戎《けんじゅう》を誘って侵寇《しんこう》して来た時には、烽火に応じて集まる諸侯一人もなく、幽王は殺されたと言われている。

一国女の伝説は、おそらく、これらの悪女伝説をつき合わして作られたものであろう。孕み女や罪人を、石臼でひき殺したなどと言うのも、中国の暴君伝説の引きうつしに過ぎない。

現在、越前三国町には、忠直卿乱行の俎石《まないたいし》と称せられる二枚の五尺四方の方形の石が、漁港修築記念碑になって建っているとのことであるが、もし事実とすれば、その愚劣さを、越前人士のために惜しまざるを得ない。

このほか、『古今武家盛衰記』『越陽秘録』『直雪草紙』『続片聾記《しんぴようせい》』などに記載されているところをみても、甚だ概念的な暴君の行状であって、信憑性に乏しい。

代表的なものとして『古今盛衰記』の記述を挙げてみると、

――忠直卿は、世の尊敬するに驕《おご》り長じ、武勇をたかぶり放逸にして、参覲の節も、道中遊山に日数を送りてすこぶる延引し、自俄に愕き所労とも称し、途中より帰国せらるる事度々なり、在国して宴舞に長じ耽《ふけ》り、美童美女に溺《おぼ》れ、あるひは酒狂し美女を害し、あるひは近臣を殺し、あるひは山野川猟に出《い》で、民百姓かつ往来の旅人を討ち殺し、射殺し、また、孕み女の胎を割いて興ありとし、悪行日々に募る故、諸臣諫《いさ》むれども用ひず云々《うんぬん》、とある。

これは、忠直の代りに、駿河大納言忠長、あるいは、上総介忠輝その他、誰をもってきてもそのまま使えるような紋切型の暴君行状記に過ぎないのである。

一方、『鳩巣小説』に次のような忠直の事が載っている。

忠直がある日、鷹野《たかの》から帰ってくると、老臣杉田壱岐がこれを迎えていたので、

――今日の猟は甚だ愉快であった。

と言ったところ、壱岐は、

――それこそお国滅亡の基でございます。

と答える。忠直勃然《ぼつぜん》として色を変じた。

——一体それは、どう言うつもりだ。

——されば、殿が常に遊猟を好み給うので人民は困り切っております。殿は人夫士卒を酷使し、殺戮《さつりく》し、追放なさるので、皆々怖れ戦《おのの》いて、鬼のごとくに思うております。多くの民が死力をつくして山野を馳駆《ちく》した結果、獲物が多かったと言って殿はお悦びですが、これこそ国家を傾ける前兆でございましょう。

忠直震怒して壱岐を斬《き》ろうとしたが、壱岐は自若《じじやく》して、

——御成敗を受ければ本望、いざ。

と、かえって膝《ひざ》をすすめる。傍から伊藤玄蕃《げんば》が、退出をすすめたが、壱岐は睨《にら》みつけ、

——痴《し》れ者、汝ごときの知った事ではない。

と一喝、てこでも動きそうにもないのを、ようやくのことなだめて退《さが》らせた。

仲間の者が壱岐に向かって、随分思い切った事をされる、危ないことじゃと言うと、壱岐は、

——自分はもともと賤《いや》しい身分から起って家老の端に列なる身となった。君を諫めて容《い》れられずば、殺されても更に悔ゆるところはない。

と答えて家に戻る。

夜半、忠直から至急に召出されたので、死を覚悟して出頭すると、忠直は、

――今日自分の言ったことは甚だ恥かしく思う。食事も喉《のど》に通らぬほどだ、どうか許してくれ。

と言い、佩刀《はいとう》を与えてその忠言を感謝したと言うのであるが、これもまた、別の意味で余りに類型的な名将賢臣言行録的な匂《にお》いが強すぎるようである。

思うに、忠直は、大国の嗣《あとつぎ》として生れ、幼にして家を嗣《つ》ぎ、相当我儘《わがまま》な自尊心の強い青年として成長したものには違いあるまい。

大坂陣の論功行賞に不満であったことは、当時の武将として当然である。

その結果、多少の乱暴な行動はあったであろう。将軍家に対して、強がりを見せたり拗《す》ねてみせたりしたこともあるであろう。

秀康以来、将軍家に対して反感を持っていた重臣たちも、強いてそれを強く諌止《かんし》することがなかったのではないかとも思われる。

だが、忠直自身狂気したとか、国主としてあるまじき暴虐の行為が、それほど多くあったとは思われない。

生母の説得にあうと、諾々として、惜し気もなく六十八万石を投げ出して豊後へ下っ

ているのをみても、その際に、孝顕寺の三陽和尚に送った別れの書状を見ても、決して、驕慢一途《きょうまんいちず》の半狂人的暴君であったとは見られないのである。

一般に、忠直の乱行が始まった頃とされている元和二年三月、忠直は、城外の鳥羽野一帯の開発令を発し、以後数年にわたって、その事業を熱心に継続している。

これは郷土史家黒田伝兵衛氏が、その著『松平忠直卿』の中において詳述しているところであるが、それによると、秀康は、居城に近い鳥羽野一帯が荒廃した原野で人馬の往来さえないのを見て、これを開発して街道を通ずることを計画したが、間もなく死亡したため、この計画は中止された。

これを忠直が再び採り上げて、実行したのである。

すなわち、鳥羽野を南北に通じる北国街道を拓き、この地に新たに家を作るものに対しては宅地及び耕地として、間口六間、奥行六十間の地を街道に沿って無償で与えたのみならず、租税、公課、賦役を全免し、いかなる商売をも許すことにした。

のみならず、本多内蔵、狛木《こまき》工允、渡辺牛兵衛などの家士に命じ、率先してこの地に館《やかた》を築かせたり、藩の出張所や薬草園を設けたりしたので、ようやく鳥羽野の経営は進《しん》捗《ちょく》し、御免屋敷二百数十戸に及び、街道沿いに屋舗《やしき》相つらなるに至り、特に中央部の中町などには、遊女屋まで出来るほどの繁昌《はんじょう》ぶりを見せるに至った。

鳥羽野の住民たちは永く忠直の恩義を忘れず、忠直が死んだと言う報《しら》せを聞くと、承応元年十月、山森助左衛門なる者が、鳥羽野八カ町村の代表として豊後に下り、津守村の忠直の墓所に詣《もう》でたほどである。

暴君として伝えられる一面ばかりでなく、こうした建設的な面をも持っていたことは注意すべきであろう。

要するに、一方において将軍家に対する無限の不満を持ちながら、一方において領主としての責務を考える青年らしい純情も保ち、自分で自分をもて余して、時に過激な挙動にも出たのであろう。

人間の弱さ、結局は酒色に負けていきながら、次第に、こうした地位にある敏感な青年の陥り易い孤独地獄に転落し、はては、大名たることを嫌悪するような心境になっている時、生母から江戸表の意向を伝えられて、厭離《えんり》の心を発したのであろう。

忠直は、おらん、小むく、おいとの三人を妾として豊後に下ったが、豊後で更に三人の女を召出している。そのうち、竹田領諸方から来たおふりと言う妾が、松千代、熊千代の二男児を生んだ。

殪したのは、慶安三年（一六五〇）九月十日、五十六歳であった。幽居生活実に、二十八年にわたる。

　この長年月、忠直改め一白または一伯の生活は極めて静穏であった。

――六十余万石の家国を失ったことはかえって悪夢から醒《さ》めたようなもので、ただすがすがしい感じがするのみだ。生々世々《しょうじょうせぜ》、国主大名などには、二度と生れたくない。大勢の中に交りながら、孤独地獄にでも陥《お》ちたような苦痛を感じることがしばしばあった。

と、述懐しているのをみれば、この配流の晩年は、彼の生涯にとっては、むしろ最も幸福な時代であったとも言えよう。

　津守の浄建寺の僧が、

――六十七万石も持っていらっしゃれば、誰でも、紂王《ちゅうおう》の真似《まね》などしたくなるものでござる。特に殿がお悪かった訳でもありますまいよ。

などと、つけつけ言っても、別に怒った様子もなく笑っていたし、百姓町人なども構わず目通りさせて、飾りなく何でも直言するとかえって非常に悦んだので、人々いずれも、

――とても六十余万石の家国を失った無法な方とは思われない。

と、不審がったと言うことである。

ただ一度、この静かな生涯が乱されようとしたのは、寛永十一年春、預かり人である竹中采女正重義が、罪を蒙《こうむ》って死を賜い、封地を没収された時である。

竹中の遺臣らは、城に籠《こも》り、一白を推戴して幕軍と戦おうとした。が、忠直にとって幸いなことに、城中の議論が一決せず、謀主とみられた不破大六が殺されたため、籠城《ろうじょう》は行われなかった。

竹中の死後、忠直を預かったのは、日野根織部正吉明である。

ついでながら、忠直が北庄城から配所に移った後、越前領を嗣いだのは、越後高田から移った忠直の弟、参議忠昌である。ただし、大野、丸岡を除いた五十二万五千石で、忠直の時より十五万石を減じた。北庄城を福井城と改めたのは、この忠昌の時である。

しかるに、忠直には、勝姫の生んだ仙千代という嫡子がいる。

勝姫は、忠直に罪があると言っても、仙千代には何の罪もない、仙千代から封土を奪うこと心得難しと、父秀忠に強硬に申入れたので、仙千代には、忠昌の旧領である越後高田二十四万石に、勝姫の所領二万石を加えて、二十六万石が与えられた。

結局、忠直の家領と、弟忠昌の領土とが入れ替りになったようなものである。

仙千代長じて、寛永六年に元服、三位中将光長がこれである。

ところで、忠直が豊後で死ぬと、その妾腹に生れた松千代、熊千代は、越後に召出され、松千代は永見市正長頼、熊千代は永見大蔵長良と名乗って、光長の家人となった。

また、忠直妾腹の一女子は、光長の家老小栗美作正矩の妻となった。

この小栗美作が、自分の子掃部を国主たらしめようとして起したのが、いわゆる越後騒動である。

この結果は、光長は家国を鎮めること能《あた》わず、不埒《ふらち》の至りとあって、城地召上げ、伊予松山の城主松平隠岐守に預けられ、一万俵を与えられた。時に光長六十七歳。

結局、忠直、光長父子相次いで領国を没収される悲運に遭った訳だ。

光長の場合は、明らかにその無能と、家士統制能力の欠如が原因であるが、忠直の場合には、忠直自身に過失のあった事はもちろんとしても、忠輝、忠長などの場合と同じく、少しでも徳川宗家に反抗の気力をもち、不従順な態度をとるものは、一門といえども容赦なく叩《たた》きつぶして、将軍家の統制力を維持しようと言う幕閣の基本政策に引っかかったためであるとみる方が本当であろう。

加藤肥後守忠広

　慶長十六年（一六一一）六月二十四日、加藤清正は領国肥後熊本において病死した。二条城において家康と対面した秀頼を守護する大任を果して、四月下旬帰国して間もなくのことである。

　世に毒饅頭《どくまんじゆう》を食わされて毒殺されたと言うのは、もとより根拠なき妄説《もうせつ》に過ぎない。海路船中で熱病にかかったのが、帰国後も全快に至らず、六月病重って、ついに再び起《た》つを得なかったと言うのが正しいであろう。

『清正記』に、清正の遺書なるものが二通伝えられている。

　一通は、家康に宛《あ》てたもので、

――清正こと病究まり相果て無念に候、悴《せがれ》虎藤丸儀然《しか》る可き様頼み奉り候、委細家老の者共へ申置候、恐惶《きようこう》謹言。

　六月二十三日　　　　主計頭《かずえのかみ》清正

家康公　人々御中

と言うものだが、これはその文言体裁からみて、明らかに偽作と認められる。

他の一通は、家臣に宛てたもので、

――態《わざ》と書き置候、病究まり相果候、肥後国虎藤へ下し賜はる可く、左なくば此判形侍共にいただかせ籠城《ろうじょう》の上、一戦を遂ぐべきものなり。

六月二十三日　　清正

家老中、侍中

となっている。これも甚だ真偽疑わしい。

『続撰清正記』によれば、清正は病重きに至って言語を発する能《あた》わず、遺言など一向になしとなっているのだ。

しかし、この家臣に宛てた遺書なるものは、たとえ偽作にしても、当時の清正の心情を最も的確に表わしたもののように思われる。

およそ武将が、その槍先《やりさき》の功名によって獲得した領土に対する執着は異常なものであったに違いない。

主権者に対する忠誠も、粉骨砕身の努力も秘策もすべて、その領国を保ち、家名を子孫に譲ると言う悲願のためである。

清正は一般に武勇仁俠《にんきょう》の名将として知られ、また、豊臣家無二の忠臣と言う風に伝えられてきたが、必ずしもそれほど単純に言い切れるものではない。

秀吉死後の極めて困難な時代に、豊臣恩顧の大名として、家康にあれほど深くとり入り、肥後五十四万石の太守にまでなるには、相当な政治力がなければならぬ。仮りに彼がもう数年生きのびて、大坂役に際会したとしたら、果して彼は秀頼のために大坂城に馳《は》せ参じて、家康と戦ったであろうか。

おそらく、江戸に軟禁されるか、肥後で形勢を観望するか、大坂攻囲軍に加わらなかったことは確かであろうが、秀頼のために領国を棄《す》てるまでのことをしたかどうかは甚だ疑わしい。彼と最も相似た境遇にあった福島正則をみても、大方が推察できる。

清正がその晩年に何よりも切願したことは自分の獲得した肥後の領国を、悴の虎藤丸に伝えることであったに違いない。万一、それが許されなければ、むしろ、籠城していさぎよく戦って亡《ほろ》びるがよいと考えていたに違いないのである。

また、もし、清正が死んだ直後に、加藤家除封と言うような命令が出されたとしたら、清正の遺臣たちは、城を守って戦ったかも知れぬ。

家康は老獪《ろうかい》であった。大坂に秀頼の居る間に、そのような騒擾《そうじよう》を起し、他の豊臣恩顧の大名、例えば福島正則、浅野幸長《よしなが》などを刺戟《しげき》するの愚を犯すはずはない。

清正の次子虎藤丸すなわち忠広に対して、

――肥後国十二郡、この高五十一万九千石並びに豊後国の内において二万余石、都合五十四万石の事、亡父肥後守存知来る旨に任せ、全く相違ある可《べか》らざる者也《なり》、

と言う朱印状が与えられ、藤堂高虎が清正死後の肥後の政情視察のために派遣された。加藤家では、五人の家老が幕府に対して起請文《きしようもん》を差出し、協同一致して、忠広を扶《たす》けて領国統治に当るべきことを誓う。

忠広は、清正の二男で、幼名虎藤丸、父の死後元服して従五位下肥後守に任じ、将軍秀忠の一字を賜《たま》わって忠広と名乗ったのである。時に十六歳。

一書には九歳または十歳などと記したものがあるが、十五歳または十六歳が正しいであろう。承応二年（一六五三）五十七歳で歿《ぼつ》すと言うのをとれば十五歳になるし、慶長十八年、十八歳にて室《しつ》を迎うと言うのをとれば十六歳になる。

ここでは忠広十八歳の時、将軍の養女となっていた蒲生秀行の女《むすめ》を正室として迎えたと言う説をとる。この時、夫人は十二歳である。元和四年（一六一八）、光正誕生。

このままでどうやら家国安泰と思われたが、そうはいかなかった。第一に、元和元年、大坂城亡んで、徳川幕府はもはや何ものも憚《はばか》るべきものがなくなった。外様《とざま》の雄藩、殊に豊臣氏恩顧の大名に対して、今や、何事をも自信を以て行い得る態勢になっていたのである。

第二に、この重大な時期に、誓紙を出して協力一致を約したはずの老臣たちが真二つに割れて、相争って、終《つい》に将軍の直裁を仰ぐと言う醜態をさらしたのである。

そして、第三に、かかる家臣をもった忠広と言う人物そのものが、父清正とは比ぶべくもない凡庸の資質だったのである。

慶長十九年大坂冬の役に当って、青年藩主忠広は老臣共に擁せられて海路東上したが、途中媾和《こうわ》の成立を知って、郷国に引返した。翌二十年の夏の陣には、家康から、

——島津在国中は、在国して国境を固めよ。島津が大坂へ上らば後より上るべし。

と言う命令を受け、出陣に及ばぬうちに大坂城は落ちた。

その後間もなく、加藤家の重臣たちの間に騒動が起ったのである。

原因は言うまでもなく、若年の忠広の抑えが利かないのに乗じ、重臣たちが両派に分

れて互いに権力を争って飽く事を知らなかったためである。

一方は加藤美作《みまさか》、その子丹後、中川周防、和田備中、玉目丹波ら、他の一方は加藤右馬允、下川又左衛門、加藤平左衛門、並河志摩、下津捧庵など。

元和四年、右馬允派の木造左京とその子内記とが脱藩した。

内記と左京が家中を立退いた原因は、忠広が織田信良の招きを受けた時の紛争による。

信良は織田信雄《のぶかつ》の子息であるが、一時、清正の食客となっていた。その後二万石を与えられて大名の列に入ったが、お礼心もあって忠広を招待した。この時信良は、

「御来駕《らいが》の節は御家の料理人、お小姓衆二、三人お連れ下され度し」

と申入れた。当時の風習として、主人筋の者を招待する時は、自分の家来は座敷に出さず、料理も対手方《あいて》の遣わした料理人にさせて、暗殺や毒殺の嫌疑を避けることが行われていたからである。

忠広は、これに対して、

「貴殿が熊本在住の折ならばとにかく、現在すでに諸侯の一人として同列にある以上、左様な御会釈《えしやく》は御無用」

と挨拶《あいさつ》したが、信良はどこまでも謙遜《けんそん》して、是非そうしてくれと言うので、忠広は、

「然らば、給仕のため小姓二名だけ連れて参ろう」

と答えておいた。

ところが、木造内記は信良の小舅《こじゅうと》に当るので、父の左京と相談して、

「我々は信良とは親戚なのだから、忠広公が御出の当日は勝手方に詰めていて、主人側の用を弁じようではないか」

と言うことになり、祐筆《ゆうひつ》某を通じて、加藤家の家老加藤丹後に内意を尋ねると、

「御両人とも織田殿とは格別の間柄故、差支えござるまい」

と言う返事であったので、二人は当日、織田家の勝手方に詰めていた。

忠広は当日、これをみて非常に不快に感じた。

自分が信良に嘘《うそ》を言ったような結果になったからである。帰邸すると早速二人を呼び出して、誰の許しを得てそのような勝手なことをしたと叱責《しっせき》する。

二人が、丹後の許可を得たと答えたので忠広が更に丹後を呼んで難詰した。丹後は当惑して、

「そのような事を申した覚えはありませぬ」

と前言を翻《ひるがえ》す。祐筆某大いに怒って、

「家老たる者が、偽りを言うとは何事か」

と、即日脱藩してしまった。

これを聞いて内記、左京の両人も、事の起りは自分たちにある。彼のみに責をとらせては男の一分立たずと、同じく家中を立退いた。そうなると内記の義父捧庵も、藩中に止まることを潔《いさぎよ》しとせず、これまた、立退いてしまった。

捧庵は久我大納言の子息で、加藤家では客分待遇を受けていたし、幕府には親しくしている人が多かったので、丹後の行為に憤慨やる方なく、ついに、加藤家の内政乱れ、家老の一部の者が権をもっぱらにしていると、幕府に訴え出たのである。

捧庵の幕府に訴え出たのは、元和四年初めである。幕府では肥後藩の家老以下大勢の者を呼び出し、六月から八月にかけて吟味に及んだ結果、八月七日、江戸城内において、将軍秀忠から双方の言い分を聴断することになった。

当日大広間には、将軍秀忠以下、酒井忠世、本多正純、土井利勝、安藤重信、井伊直孝、藤堂高虎らが列座し、肥後守忠広並びにその家臣を召出した。

右馬允は、声を高くして、

——美作父子、国政をもっぱらにして威幅を張り、私党を結んで領民をしいたげ、国主忠広を傷つくること甚だし。

と言いつのったが、美作も負けずに右馬允こそ国政を乱す張本人なりと反駁《はんばく》して一歩も譲らない。右馬允はついに言う可《べ》からざる秘事を暴露した。曰《いわ》く、

――美作父子は、先に海運のためと称して大船二艘《にそう》を造っておったが、これはその実大坂陣の折、兵船として大坂に援兵を送ろうと企てていたためである。現に、秀頼の乳母子の斎藤采女《うねめ》と言うものをかねて肥後国に隠していたが、大坂籠城の噂《うわさ》が聞こえると直ちに采女を大坂に上らせて城内に内通を図っている。また、合戦中、横江清四郎なる者を大坂に遣わして様子を窺《うかが》わせた。この横江が帰ってきて、西軍大勝、東軍敗退して大御所家康は二条城に、将軍秀忠は伏見城に脱《のが》れた、おそらく近日中に大坂方がこれに攻めよせ、東軍は決定的に敗北するであろう、と報告すると、美作父子は欣然《きんぜん》として掌を拍《う》った。ために国内の人心動揺し不安城下に充《み》ちた、云々。

この衝撃的な陳述に、幕府閣僚が大坂陣の頃、熊本に在った軍監阿部四郎五郎正之を召して当時の事情を聴取すると、

――まさしく右馬允の申す通り。

と言う答えである。問い詰められた美作父子、陳弁する言葉を知らず狼狽《ろうばい》の様子を見

せたので、将軍はひどく不快の様子で座を立ってしまった。

こうなっては、美作方の決定的敗訴は明白である。

十一日、美作父子並びに中川周防以下三十三名が流罪《るざい》を、横江清四郎以下三名が斬罪《ざんざい》を申渡された。

忠広は若年の故を以て罪を許されたが、今後は、右馬允、捧庵らがよろしく国政を輔導すべきものと命ぜられ、かつ、目付山田十太夫、渡辺図書助《ずしよのすけ》の両名を熊本に派して、今回の処罰を沙汰《さた》すべしと申渡された。

幕府としては、この時直ちに加藤忠広を処罰するつもりならば、よい機会であったに違いない。

しかるにそれをせずに、十五年後になって、甚だ不明朗な口実で、加藤家除封の挙に出たのは、何故であろうか。

おそらく、忠広の室が、将軍の養女であり、その筋を通して工作するところがあったのと、当時、大坂落城を去ることわずか数年、もし、大坂陣における各大名の内密の行動を徹底的に追及すれば、他にも傷つくものが相当あるであろうことが予想されていたからであろう。阿部正之が、閣僚に尋問されて初めて、大坂役当時の肥後の不穏の状況を陳述したと言うのは、容易に信じ難い。おそらくそれはとっくに閣僚の耳に入れていたものであろうが、事が波及して各大名の動揺することを怖《おそ》れて不問に附していたものと思われる。

ともあれ、この加藤家の内紛によって、幕府は、加藤家がもはやいささかも怖るべきものではないことを知り得た以上、その処分は、適当な時機を見て、いつでも断行できると安心したに違いない。

忠広除封の根本原因は、幕府の外様大名に対する政策にあることは明白であるが、現実にその理由として公にされたものは、甚だしく不明朗である。

『藩翰譜《はんかんぷ》』には、ただ、

――大相国《だいしようこく》（秀忠）薨《こう》じ給ひし後、幾程となく罪蒙《こうむ》りて、云々。

――忠広の罪定かならず、世に伝ふること色々の説あり。

と、ぼかしているが、『加藤肥後守忠広之事』によれば、次のごとくになっている。

忠広は女色に耽《ふけ》ったため、夫人と仲が悪くなり、相見《あいまみえ》ざること数年に及んだ。夫人は会津から連れて行った二人の侍女に旨を授け、その怒りに触れて放逐されたごとき態《てい》にして忠広の母に庇護《ひご》を求めさせた上、密偵として忠広の内情を探らせた。忠広がその妾及びその子を、幕府に内密に肥後に下したことを探知すると、これを幕府に摘発し、忠広に対する幕府の手を動かすに至ったと言うのだ。

このほか、『古今武家盛衰記』には、

――忠広、金銀を愛し美食を好み、苛《か》法《ほう》を行ひ、家士国民困敝《こんぺい》し、忠臣時を失ひ佞臣《ねいしん》諂《へつら》ひ媚《こ》びしかば、悪行日々に増長し、終《つい》に寛永九年六月一日、二十一カ条の御不審を蒙り、申訳立たず同四日領地没収し流刑せらる。

とある。二十一カ条の内容は不明だが、他の書によって類推すれば、その主たるものは、

一、忠広、大坂役に秀頼より招聘《しょうへい》の書と太刀とを受けながらこれを届け出《い》でざること。

二、当時、窃《ひそ》かに大坂の蔵にある兵粮《ひょうろう》一万俵を城中に送り、その他、肥後からも船にて兵粮、玉薬などを送りしこと。

三、日本丸と称する巨船を築造し、届出なきこと。

であったらしい。

忠広が暗愚の主であったことを証するものとして、『武辺咄聞書』に次の話が載って

いる。

ある夜、軍物語《いくさ》をしている時、忠広が、

「自分は力が強いことを望む。十人力もあって、重い鉄の鎧《よろい》を二領も重ねて着れば、鉄砲も矢も恐れる必要はあるまい」

と言い出した。傍にいた飯田覚兵衛直景は、

「力などはさほど必要ではございませぬ。先君清正公は賤ヶ岳以来、戦えば必ず勝ち、攻むれば必ず落とし、向かうところ敵なく、朝鮮大明《たいみん》まで鬼上官の名を聞けばふるえ上がるほど武功を現わされましたが、薄金の鎧一領を召し、張抜きの御兜《かぶと》を被《かぶ》られただけでございます。それでもついに手傷を負われたことはありませぬ。命は天運の定むるところ、いかに用心しても天運究まれば終りでございます。されば名将は死生を念とせず、ただ善く戦うことのみを念と致します。善く戦うの途《みち》は、智と仁とを以て士卒をなつけ、死を怖れしめざるにありましょう。大将にして智と仁とを欠けば士卒離散して号令に応ずるものなし、たとえ百枚千枚の厚鎧を重ねたりとも死は免れませぬ」

と論駁《ろんばく》したが、城を退出する時、

「残念ながら、父君にはまるで及びもつかぬ方じゃ、御家ももはや、末と覚える」

と、涙を流したと言うのだ。

余りに愚劣な話で、文字通り信じてよいかどうか疑わしいが、とにかく、優れた領主でなかったことは明らかであろう。

先に引用した『盛衰記』をはじめ、野史、『十五代史』、『徳川実紀』その他多くの書には、忠広除封の直接原因として、当時行われた各種の説を附載している。

その一は、寛永九年四月十日、旗本室賀源七郎の邸《やしき》へ、侍が一人やってきて文匣《ふばこ》を差出した。

「いずれから」

と問うても言葉をにごして答えない。差出人の分らぬ文匣は受取れぬと断ると、かの侍はその文匣を隣家の井上新左衛門の邸外に捨てて逃げて行った。新左衛門の家士がこれを拾って中を見ると、中に一通の書状があって、

——今度、将軍家日光御社参の御留守を幸ひ、千騎の精兵を加勢として旗を挙ぐべし。土井利勝殿も必ず出馬あるはず、云々。

として謀叛《むほん》の手段が記してあるので、井上新左衛門は大いに驚き老中に訴えると共に、その書状を持参した侍の顔を覚えている室賀源七郎の家士を案内として、江戸市中を探

索しているうち、同十四日麴町御門の先で、その侍を発見した。直ちにひっ捕えて縄打ち、取調べると、

「加藤豊後守光正（忠広の嗣子）の家士、前田五郎八」

と名乗った。

そこで直ちに、日光への途上にある将軍家光に急報して、忠広、光正父子に対する糾弾が行われるに至ったと言う。

そんな重大な書状を、何のために五郎八が室賀のもとに持って行ったか、また、何故それを捨てて行ったかについては何の説明もない、奇々怪々な話である。

また、異説によれば、この書状には、土井利勝、駿河大納言忠長、加藤忠広の判形《はんぎょう》があったと言う。これは土井利勝が将軍と話し合いの上で、将軍家の勘気を受けた態にして数カ月引籠《ひきこも》った上、幕府を恨んで謀叛を企てる風に見せた廻状を諸大名に廻して、その向背を探ったところ、諸大名からは早速、老中に対して密告があったにもかかわらず、大納言忠長と加藤忠広のみは届け出でなかったので、両者とも除封の憂目に遭ったのだと言う。

しかし、この説によっても、何のために、その廻状を井上新左衛門の門外に棄《す》ててゆ

くようなばかげたことをしたか、全く説明がつかない。

後藤宙外《ちゆうがい》の『徳川太平志』には、加藤光正はかねて井上新左衛門と囲碁の友として親しかったが、元来、戯れを好む性癖で、しばしば新左衛門を嘲弄《ちようろう》して慰みとしていた。ある時光正が新左衛門に向かって、我に謀叛の企てあり、一味せよと言ったので、井上は肝をつぶしたが、さすがに信じようとはしない。光正は面白がって、かの謀叛廻状を偽作して井上のもとに遣わしたのだと説いているが、宙外氏がどんな根拠によって述べているものか不明である。

もう一つの説は、更にばかばかしいものである。

諸書によって多少の異同があるが、主として『武家盛衰記』によって述べる。

加藤光正の家臣に広瀬庄兵衛（または惣兵衛）なる者がいた。性質愚鈍であったが、父祖に功績があったため、家督を嗣《つ》いだものの、常に光正の嬲《なぶ》りものになっていた。

ある日、光正は広瀬を召して、

「余はこのたび、ひそかに謀叛を企て、近日挙兵の決心をした。ついては汝《なんじ》を一方の大将とする積りだ、その積りでおれ」

と、真《まこと》しやかに言う。広瀬は震え上がって、

「飛んでもなきこと」

と、逃げ出したが、数日後、再び光正は江戸城の絵図を示して、戯れに、

「先日申した通り、いよいよ旗を挙げることにした、お前はどの口から攻め入るか」

と、相談する。広瀬は、怖ろしさに涙を流して、

「御戯れとばかり思うておりましたが、誠に御謀叛の思召《おぼしめ》しでございますか、日本国中の大名五、六十人も一味すればともかく、我君御一人にてかような大事を思召し立たれたとて、どうにもなるものでもございませぬ」

と、こちらは真剣に諫言《かんげん》した。光正はおかしさを堪《こら》えて、

「いやいや、江戸城を攻めるのが無理ならば、大坂城を乗取って立て籠る。その積りで、先年大坂城再建御手伝いの節、出入口をちゃんと計画しておいたのだ」

と、いかにも極秘の態で声をひそめる。

「いかに仰せられても、私には討手《うって》の大将などつとまりませぬ、とても成らぬ御謀叛、恐ろしや」

と、広瀬が蒼白《そうはく》になって転ぶように退いてゆくのをみて、腹を抱えて笑った光正が、

更にあくどい悪戯《いたずら》をした。

諸大名の名を五、六十も書き列《つら》ねた謀叛の廻状を偽作し、広瀬にこれを見せて、

「お前は、大名五、六十名も一味すればと申したが、みよ、この通り各大名が連判している。こうなればお前も一方の大将は引受けるだろう」

と、詰め寄った。広瀬は度胆を抜かれ腑《ふ》抜《ぬ》けのようになって自宅に戻ったが、

――このままでは畢竟《ひっきょう》、わしの命が危ない、いっそのこと、御老中に訴えて、主君の謀叛を諌止《かんし》してもらうほかはない。

と思い究め、土井利勝の屋敷に駈《か》け込んだ。利勝驚いて、広瀬を訊問《じんもん》すると、言うこともしどろもどろなので、

――光正はかねて戯狂を好むと言う、この者の愚昧《ぐまい》を嬲って、戯れにしたことであろう。

と推察した。しかし、加藤家処断には逸すべからざる好機であるとして、閣老相寄って相談した結果、忠広、光正両人を喚問することにしたと言うのだ。

いずれにしても本当とは思われぬ莫迦《ばか》げた事由ばかりだが、当時こうした噂のあったことを思えば、必ずしも全部を否定することも出来ない。

ともあれ、寛永九年夏、肥後の忠広に対して二十一カ条の不審の条々を申渡し、

――速やかに参府して申分《もうしわけ》すべし。

との命が伝えられた。忠広は家臣一同を集めて、幕府の命を披露すると、家臣の中には、

「御不審の条々全く覚えなきことが多い。これ畢竟、讒言《ざんげん》する者が、無根の事実を偽りつくり、または些細《ささい》のことを針小棒大に訴えたものでございましょう。万一、我君において申分立たざる場合は、切腹仰付《おおせつ》けられるかも知れませぬ。むしろ、当城に籠城し、天下の勢を引受けて潔く合戦し、武道を立てる方がよろしゅうございます」

と硬論を陳《の》べる者もいたが、老臣の筆頭加藤右馬允は、

「籠城して反逆の名を後世に残すごときは末代までの恥辱、直ちに上府して御申訳なされるがよい。万一、申分立たず、切腹仰付けらるるか、家禄没収さるるとも、それは已《や》むを得ざる宿世《すくせ》の業《ごう》と思召されよ」

と諫《いさ》め、忠広もその言に屈した。

忠広が品川までやってくると、幕命が下って、江戸に入るを許さず、池上本門寺に引籠るべしと言う。忠広承《うけたまわ》って、侍臣に命じて持槍《もちやり》を取り出させ、使者に向かって、

「この槍を御覧《ごろう》ぜられよ。これは亡父清正が賤ヶ岳の役より朝鮮の役まで常に携えて高名《こうみよう》したもの、将軍家の御ためにも、関ヶ原役の際は古い朋友共と手を切って東軍に味方し、九州において激戦一たびも敗《おく》れをとらず、忠広もこの槍を父より受けついで将軍家に忠勤を尽して参ったが、今、かかる仰せを受けた上は、もはやこれにも用なきもの」と叫び、本堂の礎《いしずえ》に押しあてて、槍の穂先を折り捨ててしまった。本門寺に清正の槍として寺宝になって伝えられたのはこれだと言う。

査問の結果、光正の謀書一件については、忠広は全然関係がないことは明らかとなったが、平素の行跡正しからずと言う名目で、肥後一国は収公。

忠広は、出羽庄内に配流《はいる》、酒井宮内大輔忠勝に預けられて一万石宛《あ》てがわる。子息光正は飛驒国に配流、金森出雲守重頼に預けられ、生涯月俸百人扶持《ぶち》を賜う。

寛永九年六月、清正歿してわずか二十二年目のことである。

忠広は、幕命を受けると本門寺から直ちに配所に向かって出発した。扈従《こじゆう》したのは、忠広の母のほか、十六人の女及び二十余名の家臣とその従士、合計七十余名である。主たる家臣は、相田内匠《たくみ》、加藤頼母、進藤七郎兵衛、加藤主水ら、いずれも肥後にあった時の何十分の一かの微禄を与えられた。

鶴岡に着いたのが六月十八日、丸岡村の幽居は、記録によれば、東向きの屋敷で、

——東の方六十間、西も六十間、南北は八十間もあるべし、西の方に築山泉水あり、築山の北に母堂の居間、南寄に台所五十間の廊下を距てて忠広の居間、門前には二筋の川流れ云々、御居間の周囲の戸は外部より錠をかける仕組なり。

とある。

ここに二十二年暮らして、承応二年六月八日、五十七歳で逝去した。光正は父に先立って配流の翌年配所で死んだ。己れの軽挙のため、家国を亡ぼした自責の念から自決したとも言われているが、真偽は定かでない。

世に、忠広配所の作として、

——人間万事定不定、身似明星西又東、三十一年如一夢、醒来荘内破簾中
と言う詩が伝えられている。

しかし、三十一年と言うのは明らかに誤りであろう。『武家補任《ぶにん》』に、死する時五十七歳とあるから、配流された時すでに三十六歳になっているはずだ。また、慶長十八年十八歳にして、将軍養女蒲生氏十二歳を娶《めと》ると言うのが正しければ、配流の時三十七歳、

死亡は五十八歳となる。

羽皐隠史の『加藤と福島』には、忠広が文学の嗜《たしな》み深かったものと述べ、

――出羽の大石田より最上川を船にて下る時、船中にて詠んだ和歌と紀行文が世に存している。その文章を見るに、大名芸よりはいくらか立優《たちまさ》って専門家に近きところもある。

としているが、筆者寡聞にして未だその和歌も紀行文も読んだことがないので何とも言えない。

ついでに記せば、既述の飯田覚兵衛は、加藤家除封の後、京師に隠栖《いんせい》して間もなく死去したとも言い、また、一説には長崎に退いた後、筑前公に仕えて重用され二千七百石を賜わったとも言う。この飯田覚兵衛と言うのは、初め角兵衛と言ったが、朝鮮役に晋州城攻略の際、黒田家の後藤又兵衛と先登《せんとう》を争ってこれに勝って、秀吉から賞として覚の字を与えられた名題の男である。

彼は面白いことを言っている。

――自分は一生、主計頭殿（清正）にだまされたようなものだ。初めて戦に出て功名を樹《た》てた時、朋輩の多くが銃丸に当って死んだので、こんな危ないことは御免だ、武士

など真平だと考えたが、帰陣するや否や、殿が、今日の働き神妙言わん方なし、天晴れ勇士よと、刀を賜わったので、ついだまされて勤仕をつづける気になってしまった。その後も、合戦のたびに、もう罷《や》めようと思ったが、そのたびに、殿が時を移さず、陣羽織や、感状など下され、人々が羨《うらや》み賞《ほ》めるので、凡夫の悲しさ、ついそれにひかれて又しても戦に出た。侍大将となり、采配《さいはい》をふるようになったのは、わしの本意ではなく、殿にだまされてのことだ。

除封に伴って多くの家臣が浪人として投げ出されたことは言うまでもない。幸いに二度の主仕えをすることの出来たものはそれぞれ他国に去って行ったが、多くの者はそのまま肥後に残った。

忠広の後、肥後に移ってきたのは豊前小倉三十九万石の領主であった細川忠利である。忠利は寛永九年十二月、家臣を連れて入国してきたが、加藤家の遺臣たちの取扱いについて非常に苦心した。

肥後では以前、佐々成政の頃、土着の国侍が一揆《いっき》を起したことがあり、成政はその鎮圧に失敗して秀吉から処罰されたのだが、その後を受けた加藤清正も、各地に残存する古い豪族たちの取扱いには苦労したらしい。

忠利はこうした豪族の残存者や、加藤家の遺臣で土着したものなどを惣庄屋《そうしょうや》に任じたりして従来の慣習を成るべく変改せず、努めて紛争を避けた。そうして、惣庄屋の勢力が衰えたりすると、順次これを更迭して自家薬籠中《じかやくろう》のものにしていったのである。それでも、多くの加藤家遺臣たちの中には、鬱勃《うつぼつ》たる気力を抑えることが出来ぬものがあって、好機を窺っていたのであろう。寛永十四年、島原の乱が起った時、加藤家の残党が少なからず加わっていた。

特に首謀者として、天草四郎を擁立した浪人団の中に千々輪五郎左衛門、柳平兵衛、下川又左衛門などの加藤家遺臣の名が見えている。

もっとも、この一方、郡浦彦左衛門のごとく、加藤家遺臣でありながら大庄屋として細川家に忠勤ぶりを見せ、天草四郎の母を捕えて知行三十石の褒賞に与《あずか》っているものもある。

駿河大納言忠長

世に駿河大納言の名で呼ばれている徳川忠長は、第二代将軍秀忠の次子である。秀忠の長子は、言うまでもなく第三代将軍になった家光だ。家光は、講談の世界では、名君と言うことになっているが、一生の行跡をみても、特に名君の名に値するようなものは、何も見当らない。

三代目あたりで家を潰《つぶ》してしまうものが多いのに、それをずっと後まで残したと言う点で、一応及第点はつけられるが、これも必ずしも家光自身の功績ではない。父の秀忠が、じみに、しかし、確《しっか》りと幕府の権力の基礎を固めておいてくれたことと、前代以来の勝《すぐ》れた老臣が大勢いて、充分に輔佐《ほさ》してくれたからである。

少なくも家光は幼名竹千代と称した頃には、国千代と称していた弟忠長に比べて、いささか見劣りがする存在であったらしい。

忠長も、その一生を通じてみれば、決して常人以上に卓越した人物とは見られないが、少年時代には兄よりも、才気煥発《かんぱつ》、明朗闊達《かったつ》だったのであろう。従って二人の母親である秀忠夫人は、兄の竹千代よりも、弟の国千代の方を、より多く愛した。

秀忠夫人於江与《おえよ》は、淀君の妹である。美人であったことはもちろんだが、秀忠が一生べた惚《ぼ》れしていたらしいところをみると、相当頭も良かったに違いない。

しかし、女性特有の感情的なところは、多分にあった。長子の竹千代が、もっぱら春日局《かすがのつぼね》の手に養育されていたことに対して、甚だしく不満を持っていた。

春日局は、秀忠夫人の伯父である織田信長を殺した明智光秀の重臣斎藤内蔵助の所縁のものである。それだけでも余り愉快でないのに、怜悧《れいり》で強気で、大御所家康の御気に入りなので、彼女としては、「いやな女」と感じていたであろう。ついに、春日局に養育されている竹千代まで、うとましくなった。

そうなれば、反動的に、国千代の方が可愛《かわい》くなる。才気も容貌《ようぼう》も、竹千代より立ちまさってみえる上に、自分に慣れしたしみ、甘えてくる国千代が、いとしくてたまらなくなってくる。

国千代一代の悲劇の種は、ここに植えつけられたのだ。当時、長子相続制は必ずしも確立していない。秀忠自身、兄の秀康を措《お》いて家をついだのだし、御三家の一、水戸家でも、光圀《みつくに》は、兄を差し置いて家督を嗣《つ》いでいる。

国千代に、家督を嗣がすことは、必ずしも絶対に不可能ではない。

秀忠夫人は、何とかしてそれを実現したいと考えた。

将軍夫人にその下心があれば、下の者は自《おの》ずからそれを悟る。自然、春日局のもとにいる竹千代のところへ御機嫌伺いにゆくものよりも、御台所《みだいどころ》のもとにいる国千代のところに顔を出す者の方が多くなる。

夫人も、それらの人々を愛想よくもてなし、種々の引出物などを与える。

——将軍家の後嗣《あとつぎ》は、国千代君になるのではないか。

と言う噂《うわさ》が次第に強くなってきた。

誰よりも愕《おどろ》いたのは、春日局だ。

宿老土井大炊頭《おおいのかみ》利勝に、苦衷を訴えて、竹千代を守《も》り立てようとした。利勝も、長幼の序を誤るは、家門の乱るる基と考えてこれに協力し、ついに春日局の、大御所家康に対する直訴となった。

家康の裁断は、竹千代に有利であった。

秀忠自身は、おそらく夫人に影響されて、国千代に傾きかけていたのではないかと思われるが、家康の裁断があったとなれば、これは、絶対的である。

秀忠にとっては、父家康の言葉は、至上命令なのだ。愛妻の訴えといえども、こればかりは動かせない。

秀忠は、今は、はっきりと、自分の後を嗣ぐものは竹千代だと宣明する。

秀忠夫人の失望は、甚だしかった。

この上は、せめて国千代に、大領国を賜わりたいと念願し、少年にもたびたびその旨を語った。少年国千代は、いつの間にか、自分が成長したら素晴らしい大国を貰《もら》えるもの、否、貰う権利があるものと思い込んでしまったとしても不思議はない。

この頃の事情を伝える一挿話がある。

国千代が八、九歳の頃であろう。千代田城内の蓮池で、鉄砲で鴨を射落とした。

御台所が大悦《おおよろこ》びで、

「幼い身で、ようなされた」

と、さっそく、その鴨を料理させ、将軍秀忠にすすめた。

「これは国千代が自ら鉄砲で射とめたものでございます」

と、誇りやかに言う夫人に、秀忠が聞いた。

「いずこで、射とめたのだ」

「城内の蓮池でございます」

と言う答えを聞くと、秀忠は、一口、口に入れた鴨の肉をぱっと吐き出し、

「この城は、自分が大御所から頂戴《ちょうだい》したもの、後々、竹千代に譲るべきものだ。国千代が、弟の分際で、兄の城に鉄砲を放つとは、以てのほかのことだ」

と、荒々しく座を立っていってしまったと言う。

温厚な秀忠にしては珍しいことだが、おそらく、夫人がまだ国千代の将来に望みを託していることを知って、それを諦《あきら》めさせるために、殊更にきびしい態度を示したのでもあろうか。

元和三年（一六一七）、国千代十二歳の時、信州小諸城十万石を賜わった。

同四年、元服して忠長と名乗り、従四位下左近衛権少将に叙位、甲斐一国を加封された。同六年、参議にすすむ。

同九年、将軍秀忠、将軍職を退いて西の丸に住み、大御所と呼ばれ、家光第三代将軍

となる。

同時に、忠長は従三位に叙せられ、権中納言にのぼる。

寛永二年(一六二五)には、更に駿河、遠江両国を加えられ、総計五十五万石、駿府に居住した。

翌年、従二位、権大納言——世に駿河大納言殿と言われたのは、この時からである。

時に忠長二十一歳、御三家の紀州家五十五万石と同じ、六十二万石の尾州家に次ぎ、水戸三十五万石を凌《しの》ぐ太守、しかも、当代の唯一の同母弟として、諸大名の尊崇も一方ではない。

まずもって、何の不足もないはずの身分である。

秀忠は、忠長の若年を慮《おもんぱか》って甲斐国谷村三万八千石の城主鳥居土佐守成次、及び遠州掛川二万六千石の城主朝倉筑後守宣正《のぶまさ》の両名を、忠長の家老とした。

その他の家臣としては、直参《じきさん》の旗本の二、三男の中から、家柄正しく人品よき者を選んで附属せしめた。

駿府は、初代将軍家康引退の地であり、東海道の要衝である。

東海道を上下する諸大名は、いずれも必ず、駿府城に伺候して忠長の御機嫌を伺う。

そして、その許可のあるまでは、何日でも駿府城下に滞在しているのが常例になってしまった。

——まるで将軍家のような、

——将軍家が江戸と駿河とに、二人もおられては、畢竟《ひっきょう》世の乱れともなろうぞ。

とひそかに囁《ささや》き合う者もいる。

こうして忠長は、将軍になれないとすれば、望み得る最高の地位についた訳であるが、内心、快々《おうおう》として愉《たの》しまなかった。

幼年時代、少年時代に、母秀忠夫人から吹きこまれた観念が、母が寛永三年に死んでからも、どうしても払拭《ふっしょく》できなかったからだ。

——兄家光よりも、自分の方が才幹は立優《たちまさ》っている。

——春日局の策動さえなければ、当然自分が、将軍になっていたのだ。

——将軍になれないなら、せめて、もっと大国を領すべきだ。外様《とざま》の前田でさえ百万石、島津が七十三万石、伊達が六十二万石領しているではないか。

こうした考えが驕児《きょうじ》忠長の心中に根深く巣喰《すく》っていったのである。

甲斐に加えて、新たに駿河、遠江を賜わる旨の上使として、青山大蔵少輔幸成《ゆきなり》が、忠

長の館《やかた》に、参向した時、

「返すがえすもおめでたき御事」

と祝辞を述べると、忠長はすこぶる不機嫌に、

「将軍家の実弟として、それくらいの国を領するのは当然だ、何がめでたい」

と、言い放った。

青山が帰った後で鳥居成次が、

「本朝は小国、殿の御領国はその何十分の一かに当りまする。将軍家の御実弟なればこそのこと、それを少しもお悦びなされぬのみか、将軍家の重臣たる青山殿に対して、あのような乱暴なことを申さるるは、甚だ以て心得難し」

と、直諫《ちょっかん》し、しぶる忠長をむりやりに促して、将軍家に御礼言上に赴かしめたと言う。

しかし、生来の我儘《わがまま》が独り天下で成長したのだから、自分の望みが適《かな》えられぬ限り、どうしても納まりはつかない。

ついに堪《たま》りかねて、西の丸の秀忠に対して、書面を以て哀訴した。

この書面に、何が書かれていたかは不明である。

世に伝えるところによれば、

――百万石賜わるか、あるいは、大坂城を頂きたい。

と言う希望が述べられていたと言うが、真偽の程は分らない。おそらく、これに近いことが要望されていたのであろう。

『古今史譚』の著者楽真子によれば、この一通の書面こそ忠長の没落を不可避的ならしめたものだと言う。

この謎《なぞ》の歎願書に対して、秀忠は返事を与えなかったらしい。

落胆しつつ駿河に戻った忠長の行状は、この頃からようやく乱れてきた。

しかし、世に大袈裟《おおげさ》に伝えられている忠長の乱行なるものは、どの程度まで真実であるか疑わしい。

新井白石が『藩翰譜《はんかんぷ》』に記載しているところを見ても、当時の大名としては特にそれほど暴虐な行為があったとは思われない。

しかも、白石の記述は、必ずしも事実を伝えたものではなく、世間に流布している俗説をそのまま取り入れたと思われるふしが多いのである。

忠長事件は、何分にも将軍家の実弟ではあり、一世を聳動《しょうどう》したに違いないから、無数の虚実入り混じった流言が飛んだであろう。

一方、公的記録の方は、事実をなるべく秘匿する方に力を注がれたから、信頼すべき記述は、何も残っていないのである。

忠長暴虐説と並んで、広く流布されている忠長謀叛《むほん》説に至っては、なおのこと、その真相を摑《つか》みにくい。

大大名の廃絶には、必ずと言ってもよいくらい、謀叛説がつきまとっているが、そのほとんどが事実ではない。

大坂陣以降、徳川宗家の覇権は確立し、その勢威は遠く他の諸大名の上にあったから、これに対して現実に謀叛を図ったものがあったとは信じられないが、以下、忠長暴君説と謀叛説とを巷間《こうかん》伝えるところにしたがって、簡単に記述してみよう。

忠長の暴虐行為として伝えられるもののうち、やや真実性をもっていると思われるのは、小浜七之助手討事件である。

寛永八年十二月二十一日、忠長は鷹狩《たかが》りに出掛けた。

天候が急に激変して、寒風が雪を交えて吹きすさび出したので、忠長は路傍にあった小さな寺に入って休息した。

その時、小姓の小浜七之助と言うものが、一行におくれ馬を走らせてきたが、忠長が寺に憩っているとは知らず、忠長の面前を乗り打ちして馳《は》せ去った。

忠長、つとそれを見て、眉《まゆ》をひそめる。

七之助は、先の方まで馳せて行ったが、主君の姿が見当らないので、戻ってきて、寺の中にいる一行を見ると、慌てて馬から降りて御前に伺候した。

忠長は、七之助に向かって、

「寒い、この炉に火をくべよ」

と言う。

坊主が薪を運んできたのを受取った七之助が、火をつけようとしたが、雪に濡《ぬ》れた薪は、容易に燃え上がらない。

「まだか」

「はっ、ただ今」

「早くせい」

「はっ」

七之助が、狼狽《ろうばい》して、炉の中に首をつっこむようにして火を吹こうとした。

と、忠長が、突然、佩刀《はいとう》を引き抜き、ただ一太刀で七之助の首を打ち落とした。

この七之助と言うのは、旗本小浜民部少輔忠隆の次男である。

忠隆は、ことの次第を聞くと、大いに憤りかつ歎いて、酒井雅楽頭《うたのかみ》、土井大炊頭に訴え出た。

幕閣では、さっそく、忠長の家臣朝倉宣正を江戸に呼びよせ、きびしくその暴を責めた。

宣正は、忠長を代表して、深く謝罪の意を表したので、向後を戒めてこの事件は一応落着した。

ところが、この後も、忠長はますます気が荒くなって、何人かの家臣を、大した理由もなしに、手討にしたらしい。

幕府で、再び宣正を呼びよせて、激しく叱責《しっせき》し、何故に諫止《かんし》せぬかと咎《とが》めると、

――すべて、私めのゆきとどかざるため。この上は、御検使を賜わり、切腹仕《つかまつ》るべし。

と言う。

家光も裁断を下しかねて、秀忠に相談すると、

――宣正を切腹せしめよ。

と言い切った。

その旨を報《し》らされた忠長は、大いに愕いて、御三家当主や天海僧正に頼んで、種々宥《ゆう》免《めん》を願ってきたので、秀忠は、宣正の切腹はゆるしたが、その代り、忠長は駿府を去って甲斐の甲府に移るべしと命じた。

かくて、忠長没落の第一歩が踏み出されたと言うのである。

忠長暴行の他の一説は、あまり信憑性《しんぴょうせい》はないが、浅間《せんげん》神社の猿狩りである。

駿州の浅間山は、桓武帝の延暦二十四年（八〇五）、愛鷹、飼犬の二柱の神が、浅間大明神に化現《けげん》し、大同元年（八〇六）平城帝が、ここに神社を建立して以来八百年を経ている。

社の裏山一帯に無数の野猿が棲《す》んでいたが、殺生禁断の地として、あえて誰一人これに害を加えるものはなかった。

しかるに寛永八年十一月五日、忠長は、この浅間山に入って、猿狩りを行ったのである。

家臣たちは、

――神罰のほど恐ろし。

と、諫止したが、忠長はきき入れない。

「余は駿州の主である。たとえいかなる神といえども、余の領地におる以上、余の命に従うのが当然だ。まして、畜類たる猿を狩るに、何の不可があろうぞ」

と言い切って数千の勢子《せこ》を山々谷々に入れて、猿を射殺した。その数およそ一千二百四十余頭に上ったと言う。

ところが、その帰途、急に神経が乱れ、輿《こし》の中から脇差《わきざし》をつき出して、駕籠《かご》かきの臂《ひじ》をぐさりと刺した。

駕籠かきが、肝をつぶし、輿をすてて逃げ出す。忠長は、

「不埒《ふらち》な奴、首討て」

と呶号《どごう》する。

近侍の者どもが追って行って、何の罪もない駕籠かきを殺してしまった。

この日から忠長は、何となく錯乱状態に陥って、むやみに神経を苛立《いらだ》たせ、近侍の者を殺戮《さつりく》するようになったので、人々は、神罰だと畏《おそ》れ合ったと言う。

このほか、妖美《ようび》の側室に心魂を奪われたとか、妊婦の腹を割いたとか言う俗説もある

が、これはどこにも見られる暴君伝説の一例に過ぎず、とるに足りない虚構である。

おそらく忠長の暴虐の内容は、一人か二人の近侍を、何かの拍子にかっとして手討にしたと言うだけの事ではなかったかと思われる。

彼が甲斐に移されてから、宥免を求めて天海僧正のもとに差出した書面によれば、

一、今度我等儀、煩故《わずらいゆえ》、召仕之者ども、むざと申付、重々罷違ひ候儀、至㆓只今㆒、迷惑仕候事（病気の為、召使の者に残酷なことをしてしまったのは重々悪かった、今は何とも弁解の言葉もないと思っている）

二、向後においては、御年寄衆（老中）御指図次第、万事仕る可き事

三、右之心底、うろんに思召候はば、誓詞を以てなりとも申上ぐ可く候条、御年寄衆へ仰せ談ぜられ給はる可く候、頼入存じ候。

とある。

問題になっていたのが、家臣——おそらく上記小浜七之助手討の件だけであったことは明らかであろう。

それも後悔して、老中連にとりなしてくれと言を低くして頼んでいるのである。

忠長は元来、我儘な殿様育ちではあるが、そんなに粗暴な気性ではなかったと思われ

る。

会津松平家の記録に『千歳の松』と言うのがあるが、これに忠長のことが載っている。会津松平の祖、保科正之は、将軍秀忠が内緒に生ませた子なのだが、正室の嫉妬《しっと》を避けて、信州高遠城主、保科正光の養子とした。

寛永三年、御台所が死んだ後、初めて秀忠に対面を許され、晴れて、家光、忠長と兄弟の名乗りをすることになった。

この時、正之が忠長のところに挨拶《あいさつ》にゆくと、忠長は非常に悦んで、手ずから葵《あおい》の紋のついた衣服一重《ひとかさね》をとり出し、

「これは権現様（家康）から戴《いただ》いた秘蔵の品だが、今日の御祝に進ぜよう」

と、大いに歓待してくれたので、正之は感涙にむせんだと言う。

長兄、家光は、これに反して、極めて儀礼的な挨拶を返したのみであった。

どうみても伝えられるごとき暴虐の人とは思われない。世間知らずの驕児だけに、思い上がった行動はあったが、ひとたび甲斐に蟄居《ちっきょ》の沙汰《さた》を受けると、たちまち意気沮喪《そそう》してしまって、人が変ったようにしおらしい態度をみせている。

寛永九年正月、大御所秀忠が病臥《びょうが》した。

この時、忠長は、せめて江戸の近くまででも行って、秀忠の病状を詳しく知りたいと願い出たが、それもきき入れられなかった。

そして、同月二十四日秀忠死去。

秀忠が死んで、幼年時代から対立していた家光が完全に天下の権を握り、春日局、土井利勝などが幕政の中枢に在るのでは、忠長の将来は、推して知るべしである。

秀忠が死に臨んで、先に忠長が差出した謎《なぞ》の秘書を家光はじめ老臣共にみせて、忠長に対する処置を遺言したと言うが、果して事実であろうか。

幕閣が忠長に対してとった処置は、必ずしも明朗でない。

そこで、忠長謀叛説が生れる。

これにも、幾通りかがある。

その一つは、朝倉宣正が、忠長に謀叛をすすめたと言うもの。

その二は、朝倉が、たびたび忠長に諫言するので、忠長がこれを憎み、朝倉は将軍家からの附家老《つけがろう》の地位をほこって専横の行いありと、閣老に告げた、朝倉は自衛上、忠長に叛意ありと訴えたと言うもの。

いずれも、全くのでたらめである。朝倉は終始、忠長のために表裏なく尽している。

第三は、土井利勝の策謀に乗ぜられて、叛意を明らかにしたと言うもの。

これは、加藤忠広家の廃絶なども関連しており、何らか事実に近いのではないかとも思われるが、いかにも悪辣《あくらつ》な反間苦肉《はんかんくにく》の謀略である。

秀忠の歿後《ぼつご》、土井利勝は、家光と不和になって、幕閣を退き、甚だしく家光を恨んでいると言う噂が立った。

折も折、利勝の名で、各大名に秘密の廻状がまわり、当将軍家を廃して、忠長を擁立しようではないかとの企図が提案された。

これは利勝が、酒井忠世《ただよ》と謀って、各大名の心底を見届けるために打った芝居である。

この書面を受取った各大名は、伊達、藤堂、前田など、直ちに酒井忠世のもとに、それを持参して報告した。

この時、書面を受取りながら、幕府に注進しなかったのが、当の忠長と、加藤忠広であった。

両家が滅亡したのは、そのためだと言うのである。

事件が落着すると、利勝は何喰わぬ顔をして、再び台閣に返り咲いているのをみると、何かあったことは確かであろう。

第四は、黒田騒動と関係がある忠長謀叛説である。

黒田騒動とは、筑前福岡の城主黒田右衛門佐《うえもんのすけ》忠之と、その家老栗山大膳とが不和になり、忠之が大膳を殺そうとしたので、大膳が江戸に逃れて、忠之謀叛の企てありと、幕府に訴え出た事件である。

閣老がさっそく、大膳を取調べると、

「主人右衛門佐は、駿河大納言忠長殿の謀叛の企てに加わっております」

と言う。

「事実とすれば一大事、如何《いか》な証拠で、さような事を申すか」

「右衛門佐は、参覲《さんきん》の途中、駿府で大納言殿にお目にかかりたる節、大納言殿から、自分の身に大事の起った時は、必ず助力を頼むと申され、必ず御助力仕るべき旨お約束致したと、私に語ったことがございます」

と言うことなので、忠之を召喚して、右は事実なりやと詰問すると、忠之は、

「確かに大納言殿が駿府におられた頃、さようなお言葉を頂いたことがあり申す。その時のお言葉は――今にもあれ天下に異変が起った場合には、忠長とても安穏にしてはおれぬ。そのような一大事の場合には、その方をこそ、ひとえに頼みに思っているぞ、と

言うようなことでござった。忠之これを承って、大納言殿は、まさしく将軍家の御連枝《ごれんし》、万一心得違いのものがあって、天下を乱そうとするごとき場合、大納言殿を、害し奉ろうとするかも知れぬ、おそらくそれを心配しておられるのではないかと考えましたるによって、数ならぬ身に過分の仰せ、必ず御守護し奉るべしと御返事申し上げたまでのこと」

と、明快な答えである。

黒田忠之の嫌疑は一応晴れたが、忠長がそのようなことを忠之に言ったとすれば、不審である。天下に大事ある時とか、異変ある時などと言うのは、軽々しく口にすべきことではない。ましてそのような兆候の全くない今日、奇怪至極、さては忠長かねて逆意を抱き、諸大名の心底を探っていたのではないかと、酒井、土井、阿部らの閣老が眉をひそめ、ひそかに、将軍家光に対して進言するところがあったと言うのである。

このほか、加藤忠広の子光正が、戯れに作った謀叛廻状に、忠長の印形が押してあったとか、本多正純と通じて叛逆を図ったとか、甲斐の武田の遺臣を懐柔して後日に備えていたとか、いろいろの説があるが、どれも充分な証拠はなく、単なる噂の域を出ない。

にもかかわらず、忠長は、結局、将軍家に対して異志を抱いたものとして、処罰されているのである。

思うに、証拠の有無は問題でなく、家光としては、少年時代に兄をないがしろにした虫の好かぬ弟を片付けてしまいたい、と言う気があり、土井利勝、春日局らが、これを推進したのであろう。

父秀忠の死んだ時、すでに、忠長の運命は決定されていたものと言ってよいのではなかろうか。

甲府に蟄居していた忠長のもとに、内藤伊賀守、牧野内匠頭が上使としてやってきて、

――甲府は江戸に遠く、病気保養にも不便なる土地故、上州高崎に移って、心静かに養生あるべし。

と言う幕命を伝えた。

高崎は安藤右京進重長の居城である。

忠長は近臣永井主膳、矢部八左衛門以下数名の小姓を連れ、愛用の槍一本、馬一頭、いとも侘《わび》しい行装で、甲府から高崎に移っていった。

幕府では、直ちに、永井信濃守、北条出羽守らを駿府に、青山大蔵少輔、水野監物《けんもつ》を甲府に派して、忠長の所領すべてを没収した。

家老朝倉宣正以下重臣二十余名は流罪、その他家臣はすべて追い放たれた。

忠長の正室は織田信良の息女であったが、これは竹橋御殿に移され、賄料として二千石を与えられる。

これで駿河大納言の一件はすっかり片がついたものと、世間ではみなしていた。

しかし、家光の追及は、更に冷酷峻厳《しゅんげん》であった。

——忠長に腹を切らせよう。

幼年の頃、この弟のために味わわされた劣性コンプレックスが、二十数年後の残忍な復讐《ふくしゅう》となって現われたのだ。

家光は、御側御用人《おそばごようにん》阿部対馬守重次をよび出して、

「その方の一命、余にくれぬか」

と言う。重次、畏《かしこ》まって、

「もとより私の一命は、上様に差上げたつもりでおりまする」

「ならば、これより高崎に赴いて、忠長に腹切らせよ。万一のこともあらば、その方さし違えて死んでくれよ」

重次は驚いて、仮りにも御実弟を害されるとはあまりにも無惨と諌めると、家光は傍

らの函《はこ》の中から一通の書状を出して示した。

これが例の、百万石か大坂城かを強要した文書だったと言うのだが、果して事実か否かは分らない。

いずれにしても、家光が断乎《だんこ》として譲らないので、重次はやむなくお受けして、高崎に赴き、城主安藤重長に面会して、将軍の意思を伝える。

安藤は悲痛な顔をして聞いていたが、

「貴殿をお疑いする訳ではないが、これほどの大事、将軍家の御墨付を賜わらねば、承服致しかねる。将軍家におかれても、もしかして、貴殿出立の後で、思召しを変えられ、大納言の御命をお助けなされようと考えられたかも知れぬ。いずれにしても、将軍家の御墨付を頂かねば」

と言う。

重次は、成程それももっともなことと、直ちに、江戸に引返した。内心、家光が翻意するだけの時間を稼ぐつもりだったに違いない。

しかし、家光は、即座に直筆の命令書を手渡した。こうなっては已《や》むを得ぬ。安藤重長は、将軍の御墨付を見ると、涙を流して、

「――御痛わしきこと――阿部殿、しばらく私にお任せ下され」

と言ったが、その翌日、忠長の居館の縁近くに、軒の高さまで板囲いをさせた。

それとなく、忠長に、事態の切迫を報らせようとしたのである。

忠長も、敏感にそれを推察した。

その日一日、書類などを火に入れて焼き棄てていたが、夕刻になると、侍臣たちもそれぞれ退出し、御前には小童一人が残った。

忠長は、酒を運ばせて静かに飲んでいたが、やがて、その童に向かって、

「酒をもう少しもって参れ、それに何ぞ下物《さかな》も探してくるがよい」

と命じた。

小童は厨房に行って、酒と肴とを用意して戻ってきたが、部屋に一足ふみ入れると、

――うわっ

と悲鳴をあげた。

忠長は肌を脱《ぬ》いで、突っ伏しており、その白い肌着が真紅に染まっていたのである。

短刀が頸《くび》の半ばを貫いていた。

寛永十年十二月六日、忠長二十八歳。

報せを受けた幕府では、老中阿部豊後守忠秋を遣わして検死、葬儀を執行。遺骸は高崎の大信寺に葬られた。法名は峯厳院殿晴徹暁雲大居士。

葬儀の日、小姓本多弥左衛門正暉が腹を切って殉死した。

高崎に幽閉した以上、無理に切腹などさせなくても、大した問題は起らなかったであろうことは、忠長の叔父松平忠輝や、従兄弟《いとこ》の松平忠直の例にみても明白である。

家光のやり方は、たしかに苛酷《かこく》に過ぎたし、土井利勝の策動も陰険に過ぎていたようである。

ついでながら、講談本などで、忠長の遺児と称する松平長七郎なる人物が大いに活躍しているが、これはもちろん、でたらめである。

忠長は正室織田氏との間にも、側室との間にも、一人も子供はなかったのだ。

また、本多上野介正純が、宇都宮城に釣天井をこしらえて、将軍家光を殺し、忠長を将軍に擁立しようとしたと言う説も、全くの虚構である。

いわゆる宇都宮事件は、釣天井は虚説としても、本多正純没落の事情をさすものであるが、これは元和八年のことで、忠長がまだ十七歳の頃であり、家光もまだ将軍になっていない、秀忠時代のことである。

生駒壱岐守高俊

伊達、加賀、黒田の諸家の御家騒動ほどではないが、生駒家の騒動も、江戸時代以来、いくつかの講談や演劇の種になっており、怪しげな実録と称せられるものも発表されている。

もちろん、その大部分は出たらめの作り話であるが、生駒騒動が、上述諸家のそれと異なることは、この騒動の結果、生駒家が領地没収の憂目にあったことであり、その騒動の原因が終始、家臣たちの権力争いにあって、当の領主であった生駒高俊は、直接には致命的責任をもたないことである。

更に、何故かこの事件は公的には記述されること少なく、ただ、

——家臣公事等争論の事により封地を没収せられ、云々《うんぬん》。

と、されているだけであるのも、十七万三千石（異説十七万千八百石、また一説に十七万五千石）の大名の末路としては奇怪である。生駒高俊の父正俊は藤堂高虎の愛婿《あいせい》であ

り、その妻は時めく閣老土井利勝の娘なのである。幕府に対して特別の罪科があった訳でもないのに、その処分は甚だ苛酷《かこく》であったと言わねばならない。

『寛政重修《ちょうしゅう》諸家譜』にも、簡単に、

——家中の作法よろしからずして、家臣等徒党を結びて離散し、騒動にをよびしにより、御気色《みけしき》をかうぶり、領地を没収。

とあり、『藩翰譜《はんかんぷ》』には、

——壱岐守高俊は、天性愚かなる人にて世の笑草となる事のみ多かりけり。

とか、

——高俊の天性愚かなる事、知ろし召されざるには非ず。

とか、

——心の至て愚かならんには、その罪また重からざるに似たり。

など、しきりに高俊が暗愚であったことを力説しているが、その具体的な内容は述べていない。

家臣の紛争を収めることが出来ず、後述するような生駒踊りなどにうつつをぬかしていたのだから、悧巧《りこう》な大名ではなかったことは明白だが、当時の大名にこの程度の男はいくらもいたであろう。

『古今武家盛衰記』では、更に手ひどく、

――性愚魯《ぐろ》の闇将《あんしょう》にて、善悪邪正東西貴賤《きせん》の差別も弁《わきま》へ知らず、之に因つて家士思ひ思ひに邪威を振ひ、自然と風俗他家に替れり。

とし、邪悪の奸臣《かんしん》前野助左衛門、権をもっぱらにして、御家滅亡に至る次第を記しているが、その叙述は例によって類型的に過ぎる。

おそらく、生駒家騒動について、最も信憑《しんぴょう》し得るものは、楽真子、後凋生合著の『古今史譚』第四巻に載せるところの、百頁《ページ》に及ぶ『生駒家騒動』ではなかろうかと思われる。

国史講習会編の『御家騒動の研究』に、紫筑祥の「生駒家騒動」と言う研究が載っているが、これも『古今史譚』の記述を要約したようなもので、一歩もそれ以上には出ていない。従って、ここではもっぱら『古今史譚』に依拠して記すこととする。

順序として、生駒高俊の家系を略述すれば、美濃可児《かに》郡土田村の産、生駒親正《ちかまさ》は、織田、豊臣両氏に仕えて大いに用いられ、天正十五年（一五八七）には讃岐一国十七万二千石を賜わり、豊臣氏三人衆の一人として政治の枢機にあずかった。

関ヶ原の役には、親正自らは西軍に属して丹後田辺《たなべ》城の攻略に加わったが、悴《せがれ》の一正は東軍に属して関ヶ原に戦った。

どっちが勝っても、家名が残るように、巧妙なかけひきをしたのだ。

西軍敗れたため、親正は薙髪《ちはつ》して高野山に上ったが、悴の一正は、旧のごとく讃岐一国を賜わった。

慶長十五年(一六一〇)、一正が死ぬと、正俊が嗣《つ》ぎ、当時家康の謀臣として威望隆々たる藤堂高虎の娘を正室に迎えた。

元和七年(一六二一)、正俊三十六歳で死亡、子高俊は十一歳であったが、讃岐国を賜わった上、外祖父に当る藤堂高虎が後見役を仰せつかった。

当時の例によれば、このような時には、直接に幕府から国政監督の目付役を派遣するはずであったが、ほかならぬ藤堂高虎の外孫だからと言うことで、内輪の扱いにしたのであるが、これがかえって、生駒騒動の基になったとも言えるのである。

この時、生駒家の老臣には先代正俊の妹婿である生駒将監《しょうげん》があったが、この将監を目の上の瘤《こぶ》と感じていたのが、石崎若狭、前野助左衛門の両人である。国政の実権を掌握したいと考えたこの両人は、かねて生駒将監と不和である家老森出羽、上坂勘解由《かげゆ》らを仲間に引き入れて、将監の没落を図ることにした。

その第一着手として、前野、石崎の二人は打ち揃《そろ》って藤堂家に赴いて高虎に面会し、

——生駒将監こと、先代讃岐守の御縁続なるを以て権勢をもっぱらに致し、他の家老森、上坂などあって無きがごとく、この分にては幼君のためによろしからず。

と、讒訴《ざんそ》したが、高虎はもちろん、こんな一方的な訴えに、すぐ動かされることはない。

——将監はじめ、森も上坂も譜代の家老、生駒家のために不為《ふため》なことを致すはずはない。つまらぬことを考えずと、ひたすら高俊のために忠勤を尽すがよかろう。

と、軽くたしなめて二人を帰らせたが、さて考えてみると生駒家の内紛が少々心配になってきたので、島郡方奉行《しまこおりかた》西島八郎兵衛之友と言う心利いた男を選んで、讃岐在勤を命じ、

——善悪ともにすべて、家中のことを報告して参れ。

と申付けた。同時に生駒家の家老たちに対しても、幼き主を扶《たす》けて家中協力すべきこと、思案に余ることがあれば、高虎に相談してくること、と言う直書を与えた。

更に、高俊の将来を考え、閣老の筆頭土井利勝の娘をその室に迎えるよう斡旋《あっせん》した。

まずは、外祖父として、出来るだけのことをしてやったと言ってよいであろう。

折柄、生駒藩に甚だ思わしからざる状況が生じつつあった。

讃岐国は元来水利が悪く、農民の困苦は例年のことであったが、寛永元年（一六二四）四国一帯を見舞った大旱魃《かんばつ》のため、領民の窮乏一方ならず、餓死するもの、他国へ離散するもの相次ぎ、領主を恨み、家老を罵《ののし》る声は巷《ちまた》に満ちた。

西島之友はこの事情を高虎に詳細報告する。ここにおいて高虎は、

――旱魃のためとは言え、それ程ひどい状態に陥るのは、畢竟《ひっきょう》、常日頃の治政が悪いからであろう。してみると、先年、前野や石崎らが申しておったように、国老生駒将監の専断のため、国務乱脈に陥っているのではないか。

と考えるようになったが、とりあえず西島之友に命じて救急対策を講ぜしめることにした。

西島はかねて郡方奉行として、農事治水の事に詳しかったから、国中を巡視して、各地に大池九十余カ所を築いて水利の途を講じ、田圃《でんぽ》区《く》劃《かく》を整理し、大いに治績を挙げた。

ちょうどこの時、生駒将監が、まずい事をやってのけた。

彼は嫡子帯刀《たてわき》のために、水野日向守勝成の娘を娶《めと》ろうとして在江戸の家老上坂勘解由を通じて、高虎の内意を伺わせたのである。

高虎は、将監に対して、疑惑の念を抱き始めていた時であるから、大いに憤って、

——讃岐国中、百姓立ちゆかぬほど困却し、わが家臣西島の功によってわずかに立直らんとしている時、国政の責任を負うべき将監が、大名と縁組しようなどとは、僭上《せんじよう》の沙汰《さた》、断じて認め難し。

と却下した上、将監の勢威を削《そ》ぐために、高俊の叔父に当る生駒左門、及び前野助左衛門、石崎若狭の三名を同時に家老職に任ずることにした。こうして、前野、石崎両人は、野望の第一歩に成功したのである。

寛永七年、藤堂高虎死去し、高次家督をついだが、依然、藤堂家は生駒家の後見役をつづけた。

高次は、父高虎に比べれば、格段に劣る人だったろうと思われる。尾州家の成瀬隼人正から、野々村九郎右衛門と言うものの仕官斡旋を頼まれると、これを生駒高俊に推薦した。それも、七百石ぐらいで召抱えてもらいたいと言う高びしゃな要求である。

生駒将監はじめ、多くの譜代の家臣たちは、

——国用逼迫《ひっぱく》の折柄、御家に寸功もない新規召抱えの者に七百石も出すことは出来ぬ。

と反対したが、前野、石崎、森、上坂らは、藤堂高次の意向に背いては一大事と、強いて押し切って、野々村を召抱えることに決める。

野々村は、仕官後、当然、前野一派に親近し、将監とは反対の立場に立った。従ってその口から、藤堂家に報ぜられるのは、前野一派に好都合のことばかりであった。

あたかも、将監病死し、その子帯刀が家老職を嗣いだが、若年のため、自《おの》ずから森出羽が筆頭第一となり、これを擁する前野、石崎らはますます権勢をほしいままにしていった。ついで、出羽が病死して、その子出雲が跡を嗣ぐと、前野、石崎両人は、上坂勘解由をロボットにして、全く国政を左右するに至った。

藩主高俊は、もうすでに二十歳の半ばに達していたのだが、自ら国政を見る能力も気力もなかったものか、一切を前野、石崎以下の重臣に任せ切りで、日夜遊楽に過ごしている。

その頃、将軍家光が、病後の慰めに、御側向きの少年に美装させ、笛鼓を鳴らして踊らせて楽しんでいると言う噂《うわさ》が流れると、諸大名いずれもこれにならって、美少年の踊り組を組織して愉《たの》しむようになったが、生駒家では、前野、石崎両人がさっそくこの風をとり入れた。

初めは側近の少年に踊らせる程度であったが、次第に家中の美貌《びぼう》の少年を集め、善美を尽した衣装を着せ、その数二十人余り、江戸参覲《さんきん》の上下道中にも綺羅《きら》を飾って、乗りかけ馬で宿駅を通行させたので、大評判になり、老若群集してこれを見物し、「生駒踊り」と言ってもて囃《はや》すに至った。

高俊はこの美少年たちを寵愛《ちょうあい》して、奥方のいる奥御殿にはとんと足を踏み入れない。たまたま奥御殿で女中たちの間に争いが起って、女だてらに斬合う事件があり、その噂が高くなったので、奥方の父である土井利勝が、高俊にその真偽を質《ただ》した。

ところが高俊は、奥御殿のことは何も知らないので、答えられない。利勝は呆《あき》れて、高俊の奥方を招いていろいろ聞いてみると、

——高俊殿は日夜少年の踊りにうつつを抜かし、奥向きへは一向に参りませぬ。

と、恨みがましい言葉。利勝は驚いて、高俊の側用人七条左京、四宮数馬の二人を呼び寄せて、さんざんに叱責《しっせき》した。

両人恐れ入って、直ちに帰邸の後、高俊にその旨を告げると、高俊は、

——藤堂殿はわが家の後見人であるから、いろいろの指図をされるのは当然だが、大

炊頭殿（利勝）が喙《くちばし》を容《い》れられるのは心外の至り。

と、一蹴《いっしゅう》してしまう。

その後は、舅《しゅうと》である土井家とも、諸事疎遠になってしまったので、利勝は、

——困ったものだ、この様子では、生駒家の滅亡も遠くはあるまい。

と内々洩《も》らしたと言う。

前野、石崎両人は、今や生駒藩の政権を一手に握ってしまったが、ただ、勝手向きのことについては、三野《みの》四郎右衛門が先代正俊の頃からの奉行として頑張っていて自由にならないので、これを丸めこもうとして、三野の忰孫之丞に前野の娘を嫁入らせようとした。

ところが、硬骨漢の三野はこれを撥《は》ねつけてしまったので前野、石崎らは、

——小生意気な三野め、思い知らせてくれようぞ。

と機会を狙《ねら》っていたが、寛永十二年三野の弟庄左衛門が病死すると、その子権十郎が家督をつぐ際、四百石の知行を半知に減じたのみならず、三野の兄理兵衛が病人であるのを理由にその知行二百石を没収し、十人扶持《ぶち》にしてしまった。三野は面目を失って、

奉行の職を退いてしまう。

前野は自ら勝手向奉行を兼任し、先に三野の倅に嫁入らせようとした娘を森出雲に嫁入らせ、威望並ぶものなき有様である。

郡方の手代小野木重左衛門と言う小人を登用して郡奉行とし、八百五十石まで増俸したり、前に召抱えた野々村九郎右衛門を重用して、譜代の者を軽んじたりするので、憤慨して家中を退散するもの、二、三年のうちに六十余人に及んだ。

前野らは、自分にこびへつらう者を登用する際、常に、これは藤堂高次の内意だと言ったので、誰も反対できなかったのである。

寛永十二年、幕府江戸城修築のことがあり、生駒家もその御手伝いを命じられた。

前野、石崎両人が御普請総奉行になったが、財用窮迫してとうていこれに応ずることが出来ない。首を集めて相談した結果、江戸の富商木屋六右衛門に頼み込んで借金し、ようやくにして、工事を完遂した。

幕府からは両人に対し、衣服五重ね、白銀五十枚ずつを賜わったが、両人はこれを機会に大いに自分たちの功績を宣伝させた上、例によって藤堂高次の内意と偽って、千石ずつ加増のことを高俊に要求した。

高俊が承認すると、国もとの家老に向かって、

――このたびの加増分千石の物成《ものなり》は、四つ五分にして相渡すべし。

と言う書状を送った。家中一般の知行は四公六民《しこうろくみん》で、四〇%の取り分なのだが、特に四五%にしろと言うのである。

前野は更に自分の悴治太夫を家老並みに引上げて、諸事取り行わせることにした。

ところで、木屋六右衛門から借り入れた金子の返却について当惑した前野は、讃岐の石清尾山の松林を伐採してその返済に当てようと考えて、六右衛門に相談したところ、六右衛門は、一度、現地に行って様子を見た上でなければ何とも言えぬと言う。

そこで前野は治太夫を案内人として六右衛門を讃岐へ下らせた。

現地で郡奉行、代官など総出で六右衛門を歓待し、松山はもちろん、国内全部を見物させ、まるで領主の巡見の際のごとく馳走《ちそう》したので、領民たちは驚いて、

――あれは江戸から来られた御横目衆じゃそうな。

と、目をそばだてた。

六右衛門は大いに満足し、松山の伐木にとりかかる。

家中の者は、

――あの松林は、御城第一の要害として、伐採はもちろん、立ち入ることさえ禁止していたのに、何事か。

と、呆れたが、一方誰言うとなく、

――前野は、六右衛門に後妻を世話してもらったお礼としてあんなことをさせているのだ。

という噂が立った。

憤慨した連中が目をつけたのは、生駒将監の倅帯刀である。帯刀は、父の死後、実権を全く前野、石崎らに奪われてしまっていたが、何と言っても、藩主高俊の従弟に当る名門であり、家老中第一の高禄である。

人々は帯刀に向かって、今のうちに前野らの横暴をたださなくては、御家滅亡のほかなしといきまいたが、帯刀は、

――徒党を組んで、前野と争うのはよろしくない、自分一人で江戸へ出て藤堂家に訴え出てみよう。

と慰撫し、寛永十四年七月出府して、藤堂家に、前野、石崎らの非行十九条を記した書状を呈出した。宛先《あてさき》は、藤堂高次のほか、土井大炊頭及び、脇坂淡路守である。

高次は驚いて、帯刀を召出し、脇坂淡路守、土井家家老大野仁兵衛ら列座の上訊問《じんもん》したが、帯刀の答弁は必ずしも明快ではなかった。

帯刀と言う男は直情ではあったらしいが、余り頭の良い男とは言えない。彼の上記訴状などを見ても、甚だ拙劣で、とても大藩の家老が心血をそそいだものとは思われないものである。

そこで、一応帯刀を讃岐へ帰らせた上、前野、石崎らを呼びよせ、不審の条々を訊問したが、言葉巧みに弁解するので、

——ともかく、領国において家中に不和の形勢ある様子、今後、きっとつつしみ、壱岐守の不為にならぬよう心せよ。

と言い聞かせ、誓言《せいごん》させた上退出させた。

一方、帯刀帰国後、その一党は今にも前野、石崎らは没落するぞと希望に胸を躍らせていたが、あにはからんや、江戸では格別のこともなく、前野らに対して何の処分も行われないらしい。

それどころか、前野一派は、

——それみよ、我々については、藤堂家でも御諒解あったのだ。讒言をした帯刀こそ

今に処罰されるだろう。

と言い立て、帯刀らの一派に対して高圧的な態度をとり、以前にも増して横暴を極める。

我慢を重ねていた帯刀もついにこらえ兼ねて、寛永十五年十月、使者を上府させて、再び藤堂家に訴えた。

折柄高次は伊勢に在国中であったので、翌十六年四月、上府した上、土井、脇坂両家と相談したが、両家は、

——先代よりの後見役である藤堂家に一任したい。

と答えた。

高次は種々考慮した結果、生駒家の重臣、生駒左門、同帯刀、森出雲、上坂勘解由、四宮数馬、七条左京、前野治太夫の七名を召集した上、

——双方いずれもそれぞれ言い分はあろうが、一方を処罰すれば、その徒党復仇《ふっきゅう》を図り、家中の紛擾《ふんじょう》絶えることなく、ついには将軍家のお耳に入り、生駒家滅亡ともなろう。この上は喧嘩両成敗として、双方共重立《おもだ》ちたる者に切腹してもらうほかなし、御家のた

めならば、已《や》むを得ず、子孫の儀は必ず憐愍《れんびん》を加うべし。

と訓《さと》し、左門、帯刀、左京、数馬、前野父子、石崎、森、上坂の九名に切腹を要求した。一同、お家のためと言われては拒絶は出来ない。それぞれ複雑な感情を抱きながらも承諾する外はなかった。

そこで一同に一応謹慎を命じた上、四宮数馬だけを領国に下して、江戸における裁断を告知させた。

ところが、帯刀方の連中は、納まらぬ。

——御家の忠臣帯刀殿や、これに一味された左門殿、四宮、七条両氏などを、逆臣前野、石崎らと同じく切腹させるとは、不条理も甚だしい。とうてい承服できぬ。

と、相集って多賀源助なるものを代表として江戸に送り、藩主高俊に直訴させることにした。

ところが驚いたことには、高俊はそのいきさつを全く知らなかったらしい。すべては藤堂高次の命によって取り運ばれ、高俊は全く無視されていたのである。

多賀源助から訴えられて初めてこれを知った高俊は、

——いかに幕命による後見役の高次殿とは言え、多くの家臣共の切腹と言う大事を、余に一言の相談もなく決定するとは何事ぞ。

と憤慨し、藤堂家を訪れる。

高次は事情を説明して、遅ればせながら高俊の諒解を求めたが、高俊は、

――お話は良く解りましたが、双方共切腹とは納得し兼ねます。帯刀は全く以て、生駒家のために一身を棄てて上訴に及んだもの、また左門や四宮、七条らには、何の罪もなし、彼らの切腹は再考して頂けませぬか。

――いや、それは我らとしても、帯刀側に理があるとは思うが、それを言い立てて、前野側のみを処罰するのでは、後々が納まらぬ。双方共切腹を承知してくれたのだから、その通りにしてもらいたい。

――お言葉ではありますが、黒白明白の争いに、両成敗とは思わしからず、帯刀らは父祖以来の筋目のもの、しかも忠節の士、これを徒《いたず》らに切腹させては、一国の主として家臣共に面目も立ち申さぬ。

――それ程言われるなら、何故、こんなにならぬうちに、家中の不和を収められなかったのか。

――国政は一々、藤堂家において指示されたはず、現に今般のことも、私は全く知ら

なかった始末です。

——ならば、その始末も、私の意見に従って頂きたい。

——知らぬうちはとにかく、知った上からは、このような不合理な処断には従い兼ねます。

双方容易に譲らない。とうとう高次が、

——これ程話しても分らぬなら是非に及ばぬ。今日限り生駒家の事には一切口を出さぬことにしよう。今後は貴殿と、外叔甥《おじおい》として対面することもお断りしよう。

と、座を立って奥に入ってしまった。

高俊は、邸《や》に戻ると多賀源助を呼び出し、

——帯刀らの切腹は取り止めになった。

と、申渡す。

この報せと共に、帯刀自ら讃岐に帰ったので、江戸で謹慎していた前野、石崎の一党は、

——両成敗と言うから切腹を承知したが、帯刀らが助命とあれば、われらのみ腹を切る理由はない。

と、森出雲、上坂勘解由、石崎若狭、前野治太夫（父助左衛門病臥）の四人連名で、老中稲葉丹後守正勝に向かって帯刀一党の専横を訴え出ると共に、讃岐の同志に対しては、一同揃って郷国を退散せよ、重立ったものは江戸に出て訴訟に手を貸すべし、と通告する。

讃岐高松城下では、石崎若狭の子杢之助、上坂勘解由の子丹波、小野木重左衛門以下、名ある家士およそ百五十八人、その家族郎党合せて二、三千人に及ぶ人数が、鉄砲に火縄をかけ、弓に矢を添え、槍長刀《やりなぎなた》の鞘《さや》を払って、五組に分って、堂々と船に乗って立退いた。

帯刀側の連中は、

――傍若無人の振舞い、追掛けて討ち取れ。

と騒いだが、帯刀が固く押しとどめて、動かせなかった。

一方、訴訟を受けた稲葉丹後守は、生駒家に対して、帯刀はじめ関係者のすべてを召集すべきことを命じたので、帯刀急ぎ出府。

寛永十七年七月二日、評定所において、双方の申分について取調べが行われた。

老中堀田正盛、阿部忠秋、久世広之、若年寄三浦正次、土屋数直、秋元喬知《たかとも》の面々出座、訊問役は御目付宮城越前守、御使番甲斐庄喜左衛門の両人。

帯刀方は、帯刀のほか、生駒左門、同河内、多賀源助、前野側は助左衛門病死のため、前野治太夫、森出雲、石崎若狭、上坂勘解由、小野木重左衛門ら。

一応双方の言い分を聴取したが、どちらも対手《あいて》を、大悪人不忠者と罵《ののし》って、一歩もゆずらない。

十二日、第二回目取調べ。

この日、帯刀は二通の手紙を出して、

――これは、前野助左衛門、石崎若狭の自筆に相違なきやお確かめ頂きたく存じます。

と言う。宮城越前がこれを受取って、治太夫と若狭に示すと、いずれもそれを認めた。これは、帯刀に対して両人が送った私交上の軽い手紙で、否認の必要はないと考えたからである。帯刀は、そこで数通の書面を提出し、

――前野、若狭両人、何事についても大学頭《だいがくのかみ》様（藤堂）御指図と称して、これなる書状どもにて、自己の加増をはじめ、いろいろ国もとへ申し越したるため、家中の者もその通りに致しましたが、果して大学頭御指図かくのごとくなりしや、御調べ頂きとうございます。これらの書状、両人自筆に紛れなきことは先程の書状と筆跡を比べて頂けれ

ば明白と存じまする。

と鋭くつめ寄った。

帯刀の策戦は功を奏した。

藤堂家に照合した結果、前野、石崎が、藤堂氏の内意と称して指図したことがすべて、彼らの恣《し》意に出たものであることは明白となったのである。

二十二日、第三回目の取調べ。

この最後の席上、またしても帯刀は、対手方に致命傷を与えた。

帯刀が石崎、前野らの専横を痛罵《つうば》した上、彼らをはったと睨《にら》み、

――いかに立退きの面々、只今某《それがし》の申したる儀、相違ありや。

と叱咤《しった》した時、目付衆が聞き咎《とが》め、

――立退きの面々とはいかなることか。

――されば、当五月五日、彼ら一味の者、百六十余人申合せ、白昼武装を備えて高松城下を立退き、また江戸においても五月十日夜、森、石崎、前野ら家族一同数十名、藩邸より立退きましたる故、さよう申しました。

——石崎、前野、ただいま帯刀の申したること事実か。

前野、石崎、森ら、いずれも頭を垂れて、答えられぬ。勝負はついた訳だ。

——その方ども一国の仕置も仕《つかまつ》る身にて公儀制禁を犯し徒党を結んで城下を退散し、あまっさえ、常々大学頭指図と偽り自儘《じまま》の取扱いを致せしのみならず、訴状を差出して公儀をも欺かんとせる段、以ての外。

と、裁断は下った。累は当然、高俊に及ぶ。二十六日、生駒高俊は老中酒井忠勝の邸に召され、老中列座、大目付立合の上、

——常々身持よろしからず、家中仕置も行届かず、今度家来ども申分出来候。依レ之、讃岐城地召上られ、出羽国由利へ遣わされ、堪忍分として一万石被《これをくださる》レ下レ之。

と、仰せ渡される。

帯刀は、その忠志、嘉《よみ》すべきだが、その家老としての処置よろしからず、今日の大事を致したるものとして、雲州松江の松平家に御預け、五十人扶持。左門は作州津山の森家に預けて五十人扶持。

一方、石崎若狭、前野治太夫、森出雲、上坂勘解由は切腹、その男子はすべて死罪。小野木重左衛門ら、徒党を組んで立退いたもの五名死罪。

こうして、いわゆる生駒騒動なるものは片がついたのであるが、事件の全経過を見て、いかにも不審に思われることが多々ある。

後見役であるとは言え、藤堂氏が、生駒家のことについて余りに強い命令権を持っていたこと、高俊幼少の時はとにかく、三十歳近くになって公儀の役も一通り仕遂げるほどになってもなお、全く国内政治に携わらせなかったらしいこと、仮りにも家老の大部分を一挙に切腹させると言うのに、藩主高俊の意向をあらかじめ聞こうとさえしなかったこと、など甚だ異様である。

しかも、この事件について、藤堂家は何のお咎めも受けていない。通常、こうした場合には、後見役たる藤堂家も当然、生駒家につぐきびしい処分を受けるはずのものなのだ。

老中土井利勝が、早くから生駒家の滅亡も遠くはあるまいなどと洩らしているのもおかしい。彼の勢威を以てすれば、未然に何とか救う途はあったはずだ。

更に、この騒動において、悪者にされている者が大部分、豊臣の遺臣であるのも、少し考えてみるとおかしい。

前野助左衛門と石崎若狭とは、いずれも、豊臣秀次の老臣前野但馬守長康の一門であった。文禄四年（一五九五）、秀次が切腹した時、長康も所領を失い、一門離散したが、助左衛門と若狭とは、かねて前野家が生駒家と親しくしていた関係上、生駒家を頼って讃岐へ行った。

当時は両人とも年少であったが、生駒親正が憐《あわ》れんで内々に扶持を与え、子息一正の近侍としたところ、両人とも忠勤怠らず、漸次立身して、一正の子息正俊の頃には、各々一千石を賜わり、重臣の列に入った。

江戸詰となって諸家に使いし、その才敏を認められたが、特に藤堂高虎は、以前、大和大納言秀長に仕えていた頃、秀次の老臣前野但馬守と親交があったので、その一門と聞いて助左衛門、若狭を大いに重用したと言う。

この両名は果して伝えられるごとき邪悪な奸臣であったか。

帯刀の父生駒将監こそ、権威につのり専横を極めたのではなかったか。また藤堂高次が、生駒家に推薦した野々村九郎右衛門と言う男も、もと豊臣秀頼の家臣野々村伊予守幸成の一族で、大坂落城後、福島家を頼り、福島家改易後、駿河大納言忠長に仕え、忠長が罪を蒙ってから、成瀬隼人正《はやとのしょう》正成に仕官を求め、隼人正が藤堂高次に依頼したのである。

この野々村も、『古今史譚』では、相当の悪者にされているが、具体的な曲事《くせごと》は行っていない。

一方、帯刀が、評定所で、石崎、前野の書状を出して筆跡確認を要求するところは、なかなか面白いが、公式の記録である『大猷院《たいゆういん》殿御実紀』巻四十四においては、はっきり、

——おもしろく聞ゆるといへども、当時の記録と相違す、そは全く世人の臆説《おくせつ》を伝へしもの。

と否定しているし、全体の叙述の調子はかなり帯刀を非としている感じである。帯刀が型通りの忠臣とされ、前野、石崎らの側が完全に悪者にされているのは、いささか眉《まゆ》唾《つば》ものであると言わねばなるまい。

前野一派がそれほど奸悪私曲の人間のみならば、急迫した情勢の下において、一党百六十名、その家族郎党合せて二、三千にも及ぶものが、咄嗟《とっさ》に心を一にして隊伍《たいご》堂々城下を去ってゆくと言うことも考えられないのではなかろうか。

ついでに、生駒家のその後を附記しておく。

高俊は、配所において恩赦にあったが、万治二年（一六五九）六月、四十九歳で死亡

した。

その知行一万石は、長子高清に八千石、次子俊明《としあきら》に二千石と分与され、いずれも旗本に列せられたが、次男の方の子孫はずっと続いたようである。

加藤式部少輔明成

会津若松城主蒲生忠郷が寛永四年（一六二七）死亡し、嗣子が無いために封土は収公された後、改めてこの地に封ぜられたのは、加藤左馬助嘉明《よしあき》である。

嘉明の父三之丞教明《たかあき》は三河の人、初め松平家に仕えたが、永禄六年（一五六三）の一向宗一揆の時、主家に敵対し、一揆敗退の後三河を逃れ、いつの頃か不明であるが、羽柴秀吉に仕えることになった。知行三百石。

その子嘉明は秀吉の児小姓《ちごこしよう》となったが、天正十一年（一五八三）賤ヶ岳の合戦には七本槍の一人として、勇名を馳《は》せ、三千石を与えられた。

同じ七本槍の中に同姓の加藤清正がおり、清正の家も、嘉明の家も、その忰《せがれ》の代に没落の憂目にあっているのは、名将に二代なしの諺《ことわざ》どおりである。

嘉明は合戦ごとに功名を顕わし、伊予松山で十万石を領するに至ったが、秀吉の歿後、関ヶ原の役に東軍に属したため、更に十万石を加えられて、二十万石の大名となった。

現存する松山城を築いたのは、この時である。彼はこの築城に心血を注いだので、非常に愛していたが、蒲生家の後を襲って会津へ移封と決定された。

会津は四十万石（四十二万石とも言う）、一躍領土が倍加するのみならず東北鎮護の要地として、幕府の信任最も厚いものでなければ、この地を委《ゆだ》ねられるはずはない。

嘉明が会津に転封と決定した裏には次の挿話が伝えられている。

二代秀忠は初め、家康以来最も信頼の厚い藤堂高虎をここに移そうとして、高虎に内命を伝えたのであるが、高虎は、

「まことに冥加《みょうが》に余る次第でございますが、高虎もはや年老いて、遠国の守りは覚束《おぼつか》なく存じます。平におゆるし給わりたく」

と辞退する。

「しからば、誰ぞ他に適任と思うものがあれば申上げよ」

「されば、智勇兼備、老練よく任に堪うる者とては、まず加藤左馬助を措《お》いては、他に見当りませぬ」

秀忠はこの答えにいささか驚いた。

高虎と嘉明とは、先年征韓役に当って、唐島で功を争い、互いに討ち果そうと刀の柄《つか》

に手をかけ、その場は他の諸将に分けへだてられたものの、爾来《じらい》三十余年、犬猿の仲で、殿中で顔を合せてもぷいと横を向いて一言も交えない程なのだ。

「かねて左馬助とは甚だしい不和と聞いていたが、それ程推薦するのは、和解致したと見ゆるの」

と、秀忠が言うと、高虎は首を振って、

「いや、左馬助とは今以て仇敵《きゅうてき》の仲でございます。さりながらそれは私の遺恨、今、会津太守として適任者のお下問に対し彼を推薦致しますのは国家の大事、私の遺恨とは何の関係もございませぬ」

と答えたので、秀忠大いに感じて、嘉明にこの旨を告げると、嘉明は感激して、直ちに藤堂高虎を訪れて旧怨《きゅうえん》を釈《と》き、その後、水魚の交りを結ぶようになったと言う。

嘉明と言う人は、三流の戦国武将として典型的な存在であったろう。天下を狙《ねら》うほどの第一級の才略力量はもちろんない。また、そのような第一人者を援《たす》け、時にはこれと争うほどの気魄《きはく》をも閃《ひらめ》かした二流の武将、例えば、石田三成、黒田如水、伊達政宗、蒲生氏郷と言った人々ほどの手腕もない。

しかし、微賤《びせん》の地位から身を起して、槍一筋で四十万石の大名になったのだから、抜群の男であったことは確かであろう。

私はこうした種類の武将は一括して三流武将と考えている。福島正則、榊原康政、本多忠勝、浅野長政、山内一豊等々がこれに入るものとみてよい。

嘉明が沈勇寡黙の武人であったことについては、二、三の逸話が伝えられている。

ある親しい人が、

「貴殿は殊のほか無口なため、どうも評判がよろしくない、もう少し世間並みの口を利かれた方がお得でしょう」

と忠告したことがある。嘉明は、

「私の口無調法は生れつきで、何と批判されても仕方がない。しかし私の武辺についてては、どんな評判でしょうか」

と、少し気掛りな様子で反問したが、

「いや、貴殿の武辺については、誰一人、非難するものはありませんがね」

と言う答えを得ると、

「武辺について批判さえなければ、他のことについては何と言われても一向に構いません」

快然として、更に意に介するところがなかったと言う。

また、ある時、小姓共が寄り合って火箸《ひばし》を焼き、知らずに手を触れた者がびっくりして叫ぶのを面白がるいたずらをしていた。たまたま嘉明がやってきてその火箸を摑《つか》んだが、掌の皮膚が焼けて煙が立つほどだったにもかかわらず、平然として、そのまま静かに灰を搔《か》きならし、一文字を書いて火箸を灰にさしこみ、何事もなかったかのごとく去っていったので、小姓共は慄然《りつぜん》として背に汗を流したと言う。

嘉明は寛永八年九月十二日、六十九歳で死亡した。長男式部少輔明成《あきなり》、家を嗣《つ》ぐ。次男民部少輔明利は別に一家を立てて、三春城（後に二本松）三万石を領す。三男監物明重は、兄明成の家老となった。

残念ながら、この三子とも父には似ないうつけ者、あるいは少なくも凡庸な資質のものだったらしい。

お定まりの御家騒動が起った。

式部少輔明成について、野史は、

――明成財を貪《むさぼ》り民を虐《しいた》げ、好んで、一歩金を玩弄《がんろう》す、人呼んで一歩殿といふ。歴年貪欲《どんよく》暴横、農商と利を争ひ、四民困蹙《こんしゅく》し、訟獄《しょうごく》熄《や》まず、群臣あるひは諫《いさ》むるも聴かず。

と述べている。

『古今武家盛衰記』では、

――明成は闇将《あんしょう》にて、武備を守らず、唯《ただ》金銀珍器を好み、臣庶国民の困窮を顧みず、諸人の肉を削りても金銀となし集めんことを悦《よろこ》ぶ。その金銀を集むるに皆一分にして取集む。時の人、これを加藤一分殿と称す。式部と一分、音相近き故なり。この故に金銀財宝蔵に充満す。私欲日々に長じ、家人の知行、民の年貢にも利息を掛けて取り、商人職人にも非道の運上を割付け取りける故、家士の口論、商工の公事《くじ》喧嘩《けんかや》止むことなし。

となっている。

いずれにしても、やや常軌を逸した貪欲ぶりを示したものらしい。

明成と言う男はこの後の行状をみても分るように、貪欲なばかりでなく、何か一本欠けたところがあったようだ。

兵馬の間に東奔西走し、教育鍛錬に意を用いる暇《いとま》のなかった武将の悴には、こうした一種の平衡感覚喪失者が多い。清正の悴である忠広、更にその悴の光正などはその典型的なものであろう。

ここに明成の家老に堀主水《もんど》と言うのがいた。もとは多賀井主水と言ったが、慶長十九年大坂冬の陣の時、敵将と組打ちしたまま堀の中に落ちたが、ついに対手《あいて》を討ち止めて功名を顕わしたので、堀と改名したと言う。

翌夏の陣にも武功抜群であったため、嘉明に重用されて家老に列し、軍陣の采配《さいはい》を預けられるに至った。

嘉明が死んで若年の明成が藩主となると、先代以来の老臣の筆頭に位した堀主水は、すこぶる煙ったい存在となる。

これは、いつの場合でも同じだ。先代以来の古鼠《ふるねずみ》が、老獪《ろうかい》で、若主人を手の中に丸め込んでしまうか、若主人が賢明で、頭の古い老人をうまく使いこなすと言う場合は極めて少ない。

一方が、

――何を、世間知らずの若僧が、おれは先代と一緒にさんざん苦労してこの家を守《も》り立ててきたのだ。勝手なことはさせぬぞ。

と言う気持を腹の中にもっていれば、他方は、

――先代からと言うのを笠《かさ》に着て、大きな面をしておる。主と従の区別も知らぬ奴《やつ》、いつまでも子供扱いは許さぬぞ。

と反撥《はんぱつ》するだろう。

泰平の時代になると、老いた方が、胸をさすって我慢し、若い主人の我儘《わがまま》に頭を下げてしまう事が多いが、戦国の頃やその余燼《よじん》未だ全く収まらぬ時代にあっては、必ずしもそうはゆかぬ。気骨のある老臣と、若い君主の間が決裂する事も珍しくない。

後藤又兵衛は黒田長政と喧嘩して飛び出してしまったし、長政の次の代、忠之の時にも、家臣栗山大膳は城下を退いて忠之を幕府に訴え出ている。

堀主水もまた、この古い型の老戦国武士であった。

主水は、『静幽堂叢話《そうわ》』という書によるとあまり立派な男ではない。某年八幡宮に参《さん》詣《けい》した時、若い美貌《びぼう》の人妻を見染め、むりやりに良人と縁を切らせて妾にしてしまった。

その妾はなが、小姓の源五郎と密通していると言う噂《うわさ》を耳にすると、源五郎を殺して首をはなに踏ませた上、はなをも締め殺して山寺の裏に埋めた。

そのため、はなの幽霊が毎夜現われて主水を苦しめ、ついに病気になってしまったが、名僧の示教《しきょう》によって、はなの棺を開いてみると、なお生けるがごとくであったので、死《し》骸《がい》と共に棺に入って一夜を過ごし、ようやくにして亡霊を成仏せしめたと言う。

もちろん、終りの半分は作り話であろうが、人妻をむりやりに妾にしたと言う事実はあったらしい。

堀と改名したいきさつを考えてみても、主水と言うのは、功名心も自惚《うぬぼ》れも相当以上強い男で、必ずしも泰平になった時代の大藩の家老として適任者とは思われない。

こうした老臣と愚昧《ぐまい》な主君との間に、悶着《もんちゃく》が起るのは当然である。ともかく主水は明成の行状について、幾度か諫言《かんげん》したことは確かである。そして、その態度はかなり不遜《ふそん》なものでもあっただろう。明成は主水に対して、嫌悪感以上の憎悪を持つようになった。

ちょうどその頃、主水の家来と朋輩の家来とが喧嘩し、明成の裁断を仰ぐに到ったことがある。公平に見れば、主水の家来に七分の理があったのだが、明成は主水に恥辱を与えるため殊更に主水の家来に非ありと判断した。

主水が黙って引込んでいるはずはない。

重ねて訴え出たが、明成は一言の下にはねつけた上、主水に閉門謹慎を申付けた。

主水は、憤懣《ふんまん》やる方なく、閉門の身を押し切って登城して明成に面謁し、日頃の明成の行状をこっぴどくやっつけた上、

——先殿には似もやらぬ主君《との》。

と、きめつける。

明成も、負けてはいない。

「何かと言えば、先君先君と、先代以来の功を笠に被《き》て余を誹謗《ひぼう》する不埒《ふらち》な奴。殊に謹慎を命じおきたるにかかわらず勝手に登城するとは、重職の風上にもおけぬ所業」

と家老職を罷免したのみならず、嘉明が預けておいた軍陣の采配をも取り上げてしまった。

「暗愚の明成、以て主君とするに足らず、君臣の義ももはやこれまで」

主水は眦《まなじり》を決して怒り、ついに会津城下立退きを決心した。

護法山慈眼寺の温泉に浴すると称して町々の駅馬を集め、弟の多賀井又八郎と真鍋小兵衛並びにその家族従者らを合せて総勢三百余人、白昼堂々城下を去ってゆく。

中野村の街道で、行列を止めると、手切れのしるしとして若松城に向かって一斉に鳥銃をぶっ放した。

倉川橋を渡ると橋上に柴木《しばき》を積み重ねて火を放ち、橋を焼き払った上、芦の原の関所を打ち破って押し通る。二岐山《ふたまた》の辺りで槍長刀《なぎなた》鉄砲の類を打ち棄《す》て、行列を解き、それぞれ知辺《しるべ》を求めて四方に散って行ったが、主水は一族と共に相州鎌倉に上ったのである。

「主水一党三百名、城下を立退きました」

「お城に向かって発砲致しました」

「橋を焼き、関所を押し破りました」

相つぐ報《しら》せに、明成は狂うばかりに怒り叫んだ。

「おのれ無道の逆賊め、追いかけて討ち取れ」

命に応じて城兵が追ったが、すでに国境を越えてしまった後。明成は、群臣を集めて、

「主水めの所業前代未聞、この上は日本全国草の根を分けても、きゃつを召捕らずにはおかぬ。誰にてもきゃつを搦《から》めとって来る者あれば、恩賞として千石遣わす」

と、すっかり頭に来てしまったらしい。

主水は鎌倉にあって、明成の派出した討手《うつて》のものがやってくると聞くと、多賀井、真鍋の両弟を呼んで、

「女子供を連れていては、いざと言う場合足手まといだ。幸い松岡《まつがおか》の東慶寺は何人も不入の寺だ。あそこに妻子を預けておいて、我らは高野へしばし身を潜めよう」

と、相談一決し、妻子を東慶寺に預けた上、兄弟揃《そろ》って西下し、高野山の文殊院に身を托した。

これを探知した明成は、直ちに使者を高野に送って、主水の引渡しを求める。文殊院では、

「そのような方は参っておりませぬ。仮りに参っているとしても、いったんこの山に遁《に》げ込んだものは引渡さないのが古来の慣《なら》わしでございます」

と拒んだ。

明成の主水に対する憎悪はよっぽど、ひどかったらしい。生れながらにして大名の子としてあらゆる我儘を通し、家臣に奉られて、それを当然と考えていた男が、その家臣の一人から後足で砂をひっかけられたようなものであるから、当然と言えば当然だが、明成のこの時の態度はいささか依怙地《いこじ》になり過ぎていたことは疑いない。

明成は将軍家に願書を捧《ささ》げ、

——家臣堀主水、斯《か》く斯くの不義を働き高野山へ逃げ込み、引渡しを求めたるところ、僧侶《そうりよ》共虚言を構えて差出さず、この上は討手をさし向けてかの山中捜索仕《つかまつ》りたく、所領四十万石に差し替えても、この儀お聞届け下されたい。

と申入れた。

この乱暴な願いを、幕府ではどう考えたものか、高野山に向かって、主水を山中に置くこと罷《まか》り成らぬ、早々山を下ろすべしと命令した。

もっとも、この点については所説一致せず、『古今史譚』では明成が文殊院に賄賂《まいない》を贈って主水を追い出させたと言う説と、明成が家臣池田三郎兵衛を捕手の頭として高野山に遣わしたが、紀州藩でこれを阻止したので、池田は進退谷《きわ》まって自殺したと言う説とを掲げている。いずれにしても主水は高野山にいられなくなって、和歌山城下に隠れた。

明成は、更にしつこくこれを追い、紀州藩主頼宣《よりのぶ》に向かって、捕手の派遣を要請したので、主水はついに江戸へやってきて、旧主明成の悪行二十一カ条を幕府に向かって訴え出た。

寛永十八年三月十五日である。

主水の会津退去は、『藩翰譜《はんかんぷ》』によれば、寛永十六年四月十六日であるから、約二カ年、逃げ廻っていた訳だ。

主水が訴状を提出した先は、大目付役井上筑後守政重。

直ちに主水は溝口出雲守、多賀井は仙石越前守、真鍋は杉原伯耆守へお預けとなる。

老中の掛りで吟味が行われたが、主水の訴因のうち、

——明成、かつて大坂城の秀頼に内通の事実あり。

と言う一条が問題となり、当時在国中であった明成は急遽《きゆうきよ》江戸へ出府を命じられた。

主水の訴えが、どのような事実を指したものかは不明である。

しかし、もし事実とすれば、内通の責任は明成よりもむしろ、大坂役当時の藩主である先代嘉明にあり、また、それを輔佐していた主水にこそあるとも言えるのだ。明成内通に関する主水の立証は充分でなかったらしい。

三月二十一日、将軍家光は親《みずか》ら、主水の訴状に対して断案を下した。

——主水こと、家老の職にありながら、主人に暇《いとま》をも乞《こ》わず、ほしいまま国元を立去りたるのみならず、城に向かって発砲し、往還の橋梁《きようりよう》を焼き払いたる段、主人を蔑如《べつじよ》し、公儀を怖れざる仕方、重々不届。式部少輔願いの通り、主水並びに弟両人を差し渡す。外々の家来どもの見せしめとも成るべき様、罪科に処すべし。

全く一方的に主水を非とした判決である。

戦国の余風を成るべく早く泰平ムードに導こうとしていた幕府としては、何よりも、

家臣の主君に対する叛逆《はんぎゃく》と言う点を重視し、これを厳罰しようとしたものに違いない。

主に対する絶対服従こそ、幕府存続の基本条件だったのだ。

それにしても、明成に対しては何のお咎《とが》めもなかったのを、明成としては当然不審に思い反省すべきであったろうが、憎らしい主水を手に入れた悦びに、明成は夢中であったらしい。

思うに明成の運命は、この時すでに、決定したものと言ってよいであろう。


明成は主水兄弟三人を受けとると、芝増上寺通りの海辺に面した下屋敷に連行させ、きびしく括《くく》り上げて、庭前に引出した。

明成、主水をはったと睨《にら》みつけ、

「いかに主水、主に背いた悪逆の天罰早くも報い来って、そのざま、今こそ思い知ったか、身の程知らずの痴《し》れ者め」

と、さんざんに罵《ののし》る。

主水は無念の思いに両歯をかみ鳴らしたが、さすがに戦場歴戦の武士、今となって何を言っても無駄と知って、一言も発せず、ただすさまじい形相で明成を睨み返しているばかりだ。

明成としては、一言でも、主水に謝罪させようとしたが、主水が傲然《ごうぜん》として胸を反らせているので、ますます憤りを発し、掛りの役人に命じて、拷問をさせた。

拷問の方法は、縄目のまま輿《こし》にのせて樹に吊《つる》し、絶え間なく前後にゆり動かして、少しも眠らせぬようにする。眼をつむれば、竹竿《たけざお》で顔面をつつき、逆さになるほど激しく揺するのである。

何が苦しいと言っても、睡眠の出来ぬほど苦しいことはない。主水も弟二人も、へとへとになってしまった。

もっとも、主水はあらかじめ拷問を予期して、一切飲食を絶っていたので大小便も不通であったが、二人の弟はその覚悟がなかったため、吊されたまま糞尿《ふんにょう》をたれ流し、いかにも醜態であったと言う。

どうしても謝罪をしないままに、主水は斬罪《ざんざい》、二人の弟は切腹と決った。

処刑当日、主水は刑場に連行されると、縄を取っていた貝塚金七と言う男に向かって、

「最期《いまわ》のきわの望みをかなえてくれぬか」

と言う。

金七、何事かと問うと、

「昼夜、ゆり動かされて少しも眠れず、苦痛限りない。死ぬ前に少しでも眠らせてくれないか」

と言い、金七の膝《ひざ》を借りて、ぐっすりと眠り込んでしまった。

やがて時刻が来て、明成も処刑を見るためにやってくる。金七が、主水をゆり起した。

主水は、金七に厚く礼を述べた上、奇妙なことを言った。

「今、まどろんでいた間に、実に痛快な夢を見た。髪を櫛形《くしがた》に剃《そ》り、痩顔《やせがお》で目尻《めじり》の下がった男が、下がり藤の紋のついた浅黄《あさぎ》の上下《かみしも》を着て、わしの前にやってきおったのだ」

この姿容貌《すがたかたち》は、まさしく明成のそれである。

金七が、

「それで、その方はいかがなされました」

と、訊《たず》ねると、主水からからと笑って、

「その男、わしの前にうずくまって、わしのひり出した糞を、うまそうに喰いおった。ははは、さても明成によう似た男じゃった。小気味よきことじゃよ」

と、不敵な放言をして処刑の座につく。

明成は、主水斬首のさまを見物して、最後の嘲罵《ちょうば》を加えてやろうと思ってやってきていたが、小姓の磯山と言うのが、

「古来、奸悪《かんあく》剛勇の士が首を刎《は》ねらるる時、首が飛んで仇《かたき》と思うものに喰らいつくことさえありと申します。よしまた、それ程の事がなくても、死に臨んで殿のお顔を見れば、どのような暴言を吐くかも知れませぬ。他家への聞こえもあり、お姿はお見せなさらぬがようございましょう」

と諫め、障子の小穴から見物させることにした。

主水は、それを知ってか否か、明成のひそんでいる障子の方を、この世の人間とは思われぬ程の凄愴《せいそう》な形相でにらみつけた。

当日の首斬役は、堀川嘉兵衛と言う者で、本来なら、主水に対しては顔をあげて物を言うことさえ出来ぬ軽輩であったが、心得のある武士であったから、主水の顔色が尋常でないのを見て、刀を抜いてその目先へ突き付け、

「只今が最後ぞ、頸《くび》が曲っておるは見苦しい、しゃんとせい」

と叱咤《しった》する。

主水、思わず、かっとして、

「推参なり、下郎、言葉が過ぐるぞ」

と、嘉兵衛の方を顧みようとしたところを、すかさず一刀打ち下ろして首を刎ねた。

後になって、朋輩から、

「何故、主水殿に対して、あんな無礼な態度をとったのだ、仮りにも以前の御家老ではないか」

と言われると、嘉兵衛は、

「いや、罪人の面色ただならず、死後の害心を現わしている時は、その憤りを一瞬他に転ぜしめてから斬るのがよいのだ」

と、答えたと言う。

多賀井、真鍋の両人も同日切腹。

明成は、これでもまだ充分に腹が癒《い》えなかったらしい。

鎌倉の東慶寺に多くの人数を差向けて、主水兄弟の妻子を悉《ことごと》く召捕って、処刑してしまった。

東慶寺は、豊臣秀頼の遺児が住職となっており、およそ婦女子が罪を得てこの寺に逃げ込んでしまうと、何人も捕えることはできない慣習であった。そのため、離縁を求める女が、この寺に逃げ込んで良人の追及を避けるもの多く、俗に縁切寺と言われた。

明成はこの慣例を破って、東慶寺内に捕手を入れたのであるから、世人はその乱暴に呆《あき》れたが、幕府においても、これで、はっきり、明成に対する処罰の腹を決めたらしい。

寛永二十年四月、明成は、

――病のため、大藩を維持する任に堪えず、封土を幕府に返納仕りたし。

と願い出て、五月三日、これを許された。

およそ大名の最大の念願はその領土を子孫に伝えることである。しかるに、それを自ら返納しようと申し出るごときは、常識では考えられない。

まして、四十万石の大藩、自分が病でその任に堪えずとあれば、せめてその半ばでも、己れの子に譲りたいと思うのが人情であろう。

明成が、領土返納と言う異常措置をとったのは、もちろん、実際には幕府から要求されてのことである。

塩谷宕陰《しおのやとういん》の『昭代記』には、明らかに、幕府は、明成の罪数カ条を挙げてこれを責めたと記されている。おそらく、東慶寺を侵したことはその一であろうし、国内の治政宜《よろ》しきを得なかったこともその一であろう。

しかし、一般に伝えられるところでは、将軍家光が老中に命じて、明成に内命を伝えしめたと言う。

曰《いわ》く、

――先年、所領四十万石に代えても主水を捕えたき旨願い出ながら、主水を差し与えたるにもかかわらず、所領のことを何とも申し出でないのは、いかなる訳か。

これは、もし事実とすれば、明らかに言葉尻をとらえての言い掛りである。何かを強く懇請する際、――一命に代えても――とか、領国に代えても――とか、言うのは、単に語勢を強める意味と解すべきであろう。

天下の将軍が、そんな言葉尻をつかまえて、四十万石の大名に領土返還を迫ると言うのは、児戯に類する。

実際には、主水の一件によって明成の治政全く乱れていること、東慶寺一件によって世評きびしくなったことなど見合せて、加藤家を処分しようと考えた幕府が、先代嘉明の功績を考え、また、明成が家康の義弟である保科正直の娘を娶《めと》っていた事を考慮し、自発的な謹慎を要求したのに対して、明成がやけくそになって、領国奉還を申し出たの

ではなかろうか。幕府では、明成に対して、

「子息あらば、言上せよ。家名立つ様に思召《おぼしめ》しあり」

と通達したが、明成は、

「忰は一人もおりませぬ。今更何のお願い致すこともなし」

と答えている。よくよく意地になっていたのだ。

明成には、孫三郎と言う妾腹《しょうふく》の嫡男があった。これは内密にしておかれた。家康の外《がい》姪《てつ》に当り、保科正直の娘である正妻は、非常に嫉妬《しっと》深かったので、明成は、

——妾は持たぬ、子は他に持たぬ。

と約束していたので、その誓いを守ったとも言うが、心ある人は、

——左馬介《さまのすけ》以来忠戦武功の家、忰儀頼み奉ると言上せば、旧領半分は相続仰せ付けらるべきに、

と、呆《あき》れた(『御遺訓附録』)。

明成は貪欲《どんよく》な、愚かな暴君ではあったが、不思議に、暗君につきものの、女色のそしりはない。保科正直の娘たる妻君がよっぽどこわかったのだろう。ちょっとユーモラスな感じもする。

妾腹の孫三郎は、家臣の堀部主膳と言うものに養われて育っていたので、幕府では、それを召出して、内蔵助明友と名乗らせ、石見国で一万石を与えることにした。

明成の弟、民部少輔もこの年病死して、忰弥三郎が所領三万石を相続したばかりであったが、連坐して所領を没収され、別に三千石を与えられた。

明成は、領土を返還すると共に、剃髪《ちはつ》して休意と号したが、晩年は忰の明友の領土石見国吉永に下って、余生を送り、万治四年（一六六一）正月、七十歳で歿《ぼっ》した。

明成の後、会津藩主となったのは、保科正之である。

会津加藤家没落の後、浪人となった高倉長右衛門と言う武士について、『砕玉話』以下いろいろな書物に因縁話が載せられているので附記しておく。

高倉は朋輩と寄り合って今後の行末について相談している時、東郷茂兵衛と言う男と口論になり、すでに刃傷《にんじよう》に及ぼうとしたが、座中の者に隔てられた。高倉は家に戻り、身辺を整理した上、待ち受けていると、果して東郷がやってきた。

「拙者と果し合いのため来られるものと、先刻からお待ちしていた。拙者は身辺の整理は終えたが、貴殿も御同様であろう」

と言われて、東郷が、

「されば取急いだので忘れたことがある」

「では御宅まで同道しよう。心置きなく後始末をされるがよい」

と、高倉は先に立って東郷の宅までゆき、東郷が取片附ける間、門外で待っていた。

やがて、東郷が出てきて、

「お待たせして申訳ない、今は心おきなく勝負をしよう」

と、互いに抜合わせて闘う。

高倉の腕がいささか優《まさ》っていたものか、東郷を斃《たお》し、知友金子助十郎の家に赴いて仔《し》細《さい》を述べた上、会津を立退いた。

その時、高倉は召使っていた某女に手をつけて懐妊させていたが、いずれ縁もあらばと、短刀一振を与えておいた。

一方、東郷には又八郎と言う弟があり、高倉の行方を探って、江戸にいることを知ると仇討《あだうち》のため、出府した。東叡山寛永寺の寺中某院に身を寄せていた高倉が、年頭祝儀のため外出して本町を通りかかった時、又八郎待伏せして斬りかかる。

高倉は指先を数本切り落とされて危うく見えたが、見物の者が、

——対手《あいて》は鎖帷子《くさりかたびら》を着ているぞ、足を払え。

と助言してくれたので、すかさず足に斬りつけ、双方とも血にまみれて戦う力もなくなっている折、町方の与力同心が馳《は》せつけて、二人を引分けた。又八郎はなおも高倉をつけ狙ったが、不幸にして眼病にかかって死亡。高倉は、町奉行神尾備前に認められ、その推薦によって松平大和守に仕官が内定した。

某日、高倉の住んでいた寺の住持が十三、四歳の美童を連れてきて、旗本の家にでも仕官を世話してやってくれと頼むので引受けた。

ところが、その話の間にその童《わらわ》は高倉宗五郎と言い、高倉が手をつけた召使の生んだものと分明したので、高倉は大いに悦び、母子とも引取って、正妻、総領とする事にした。

松平大和守は、この不思議な父子対面に非常に感悦し、高倉に五百石、宗五郎に二百石を与えることにした。

高倉は永年世話してくれた寺の住持に礼を言うため上野に赴いたが、雨後のぬかるみのため、馬が足をすべらせたので横さまに転落し、以前受けた右腕の創口《きずぐち》が破れておびただしく出血した。ところが、その創がかえって幸いとなり、それまでよく動かなかったのに右腕が自由に動くようになったので、人々は、高倉を、まこと冥加に叶《かな》える武士よ、と噂《うわさ》したと言う。

堀田上野介正信

堀田正信の父は、加賀守正盛、祖父は勘左衛門正利である。

正利までの事蹟は、あまり明白ではない。『藩翰譜《はんかんぷ》』によると武内宿禰《たけのうちのすくね》の子孫で織田家に仕えた堀田正道の孫正利は、金吾中納言秀秋の下で五百石を領したが、後、徳川氏に属するようになったと言う。『寛政重修《ちょうしゅう》諸家譜』によれば、正利は、織田信長、浅野長政、小早川隆景、小早川秀秋と主君を代え、最後に徳川家に仕えて五百石を賜わったと言う。

いずれにしても、正利が徳川氏に仕えるようになったのは、その妻が稲葉佐渡守正成《まさなり》の娘であったかららしい。正成の妻は、人も知る春日局《かすがのつぼね》である。正利の妻は正成の前妻の娘で、春日局の実の娘ではないが、とにかく、局の縁故によって召出され御書院番衆になった。

正利の子正盛は幼時から家光の小姓となり、すこぶる寵愛《ちょうあい》された。その昇進ぶりは異常なので、家光との間には男色関係があったのだとも言われている。

『将門山評定』に、

――三代将軍御傅《おもり》堀田勝五郎古今の美男なり、御書院番、但し五百石、家光公御目にとまり御小姓に召出さる。男色は武道の花。

とある。

寛永八年（一六三一）御小姓組番頭《ばんがしら》、同十二年には早くも老中に列し、河越三万五千石。

この間、寛永九年二月、父正利が死んでいるが、この死について妙な噂《うわさ》があった。

一つは、自分の悴《せがれ》の正盛が急スピードの出世をしてゆくのを悦《よろこ》び、なまじ自分のようなものがいては悴の出世の邪魔になると考えて、自殺したと言うのである。

他の一つは病臥《びょうが》が永びいたので、深く君恩を受けながら、病のため、酬《むく》いるの道なし、死してあの世でお仕えするに如《し》かずと遺言して自殺したと言うのだ。

どちらにしても自害の理由としては、いささか異常であり、偏執狂的なものを感じさせる。この正利の血が、孫の正信に伝わったのではなかろうかと思われるが、それは後のことにして、正盛の出頭ぶりを見よう。

正盛は、寛永十五年、信州松本七万石、同十九年、下総佐倉十一万石と加増された。妻には大老酒井忠勝の娘を貰《もら》い、将軍の信頼はますます厚く、この上もなく恵まれた地位にあるかのように見えたが、慶安四年（一六五一）四月二十日、家光が死亡すると、局面は一変した。当時の常識に従って、正盛は直ちに、家光の後を追って殉死したのである。

他に老中阿部重次、御側衆内田正信らも殉死し、更に重次や正信の家臣もまた、主君の後を襲って殉死したが、正盛の家臣では誰も殉死したものがない。

それまで、堀田家では、家臣のしつけがよく、阿部家や内田家などのように家臣が町で乱暴したりすることがないので、世上の評判が良かったが、この時には、

――阿部や内田では、家臣が殉死したのに、堀田では誰も主の後を追わぬとは、正盛が家臣の心を摑《つか》んでいなかった証拠。

だとして、従来の評判が逆になったと言う。この頃はまだ、殉死者の多いのを誇りにしていた頃で、殉死が禁止されたのは、寛文三年（一六六三）のことである。

もっとも、正盛の母は、いこの局と称して、大奥に仕えていたが、家光の後を追って自害している。

正盛には五人の男児があった。嫡子は上野介正信、二男は脇坂淡路守安元の養子となった中務少輔安政、三男は久太郎正俊、後に備中守、四男は対馬守正英。五男は右馬助、早世。

当然嫡子正信が家を継いで、御詰衆に加わった。

この正信が、本編の主人公である。

『紀氏雑録』によると、正信は、封をつぐと直ちに家臣たちに対して、

――父の殉死は冥加《みょうが》に叶《かな》ったことである。自分にもどのような御奉公を仰せつけられるか分らぬが、ただひたすら努力するつもりだ。皆、そのつもりでおるように。

と言う意味の戒告を出している。

おそらく、家光と父正盛との特別の関係、そして、正盛の殉死などから考えて、特に重要なポストを与えられるものと期待していたのであろう。

殉死者の遺族が特別の殊遇を予想することは、この当時としては、当然のことであった。

だが、正信の期待は外れ、何の役職も与えられなかった。

保科正之、井伊直孝、酒井忠勝、阿部忠秋、松平信綱などの元老重臣が大勢いた以上、

弱冠正信の出る幕ではなかったのだ。

正信は、不満だった。

——誰かが、自分を却《しりぞ》けようとしているに違いない。

そう疑った時、まず容疑者の第一号となったのは、老中松平信綱である。

——きゃつ、上様がお亡くなりなされた時、殉死もしなかった奴《やつ》が。

正信は憤怒の捌《は》け口《ぐち》をそこに求めた。

信綱は、いわゆる智慧伊豆《ちえいず》の名を唱われた才人で、家光に重用されたが、その才気に頼り過ぎたやり方と、家光に殉死しなかったことのため、この頃、評判がわるく、

——伊豆の大豆、豆腐にしてはよけれども、きらず（絞りかす）にしては味のわるさよ。

などと皮肉られていた。

正信の方で、内心信綱を嫌い憎んだから、信綱方でも自然、正信に好意は持たなかった。悲劇の原因の一つは、ここにあったらしい。

正信と言う男は、気の小さな、武骨一片の糞《くそ》まじめな、一本気な性格だったらしい。

それは反面から見れば融通の利かない、頭の悪い癖に自惚《うぬぼ》れの強い男だったと言うことにもなる。

何かを思いつめると、偏執狂的になり、自分の狭い見解が至上のものであるかのように思われ、それに反対するものを叩《たた》き潰《つぶ》すためには、どんな非常識なことでもあえてする。

暗殺を企《たく》らんだりする人間によくあるタイプである。戦前の日本の極右ファシストの中に、こうした種類の人がかなりいた。

正信も、後に述べるような領土奉還事件を起していなければ、おそらく、殿中で松平信綱刺殺事件でも起していたのではなかろうか。

正信の性格を示す二、三の話が『武野燭談《ぶやしよくだん》』や『明良洪範《めいりようこうはん》』に記されている。

前者によると、正信は、父正盛の存生中、浅草の下屋敷に居住していたが、毎日西の丸の父の屋敷まで往復し、朝夕の食事時には、必ず次の間に伺候して、父の登城と退出とを見届けていたと言う。

また、『明良洪範』によると、家督をついでから武備をもっぱらにし、それを誇る様子があったので、叔父の修理大夫忠直がきびしく戒めたと言う。

「そこもとは、われわれより大身でありながら、その言うことは、わが家の家老程度のことばかりだ。大名として城を預かり国を治める身ともなれば、そんな小刀細工よりも、もっと大きなところに眼を注いでゆくべきではないかの」

明暦年間、日根野織部正吉明《よしあきら》が病死し、その家が断絶した時、その屋敷を召上げられることになったが、正信は、家中の侍をその付近に配置し、自らは近くの寺に入って待機し、

——日根野の屋敷で騒動が起ったら、自分が寺の鐘を三つ打つから、全員直ちに屋敷の前に集まれ。

と命令しておいた。

日根野の屋敷請取《うけと》りは、何事もなく済んだが、正信は自分のやったことを泰平の世に珍しき心掛けと、お世辞を言うものがあると、すっかり悦《よろこ》んでしまって、自ら吹聴《ふいちょう》して廻ったらしい。

酒井忠勝は、これを耳に入れると、正信に向かって、

「ばかなことをするものではない。天下に変のある時、差向けられる大名はいくらでもいるし、また、平常からその分担も決っている。そこもとがまこと御公儀に忠節をつく

すつもりなら、真先に本丸に馳《は》せ参ずべきだ。寺にかくれて内密に警備するなど、自慢にはならぬ、出過ぎたこと」

と、叱《しか》りつけた。

本人は誠心誠意考えて、一生懸命にやったつもりでも、その行為がどこかピントが外れている。それを他人からたしなめられても、なぜ自分の行為が非難されなければならないのか充分に納得がゆかず、

——怪《け》しからぬ。

と、憤慨し、ついには、

——こんな状態では世の中がどうなってゆくか分らぬ。

と、天下国家の憂いを一身に背負った気持になって、いても立っても堪《たま》らなくなる。

愚直と言えば愚直、始末に終えぬ性格の男であったらしい。

当時、戦国の遺風次第に地を払い、泰平奢侈《しゃし》の気風が滔々《とうとう》として天下を風靡《ふうび》した。

正信は、武辺をもっぱらとし、風流を蛇蝎《だかつ》のごとく嫌い、あの武辺狂いが——と、陰口を利かれていた程であるが、軟弱の気風を慷慨《こうがい》するの余り、ついに思い切ったことをやってのけた。

襲封して十年目の万治三年（一六六〇）九月二十八日、上野東叡山に赴いて家光の廟《びょう》を拝し、深く心に決するところがあった様子であったが、同十月八日、一通の諫書《かんしょ》を幕府に提出して、ただ一騎、佐倉の城に馳せ帰ってしまったのである。

諫書の内容は、次のごとくであった。

――父正盛は前将軍家の殊恩を受け、これに報ゆる奉公の途なくして殉死した。自分も父の跡をついで奉公せんと日夜心を砕いているが、当代となってすでに十年、その間、年々歳々悪いことばかり起って、天下の人心を奮い立たしめるようなことは何一つない。全国の民はもちろん、牛馬に至るまで疲弊しつくしている。これひとえに執政の人々が上様輔佐《ほさ》の方法を誤り、施政その当を得ないためである。よって自分は、一時、これら不忠の執政を討ち果そうかとも考えたが、思いとどまった。今日この書を奉るのは、将軍もすでに御二十歳に成られたから、万事お耳に達して可なりと思うからである。前将軍はよく天下を治め給うたが、武名を後世に遺さざることを後悔されていたと言う。さきに松平定政、このことを上申したるところ、痴れ者扱いにされてしまった。その後、大名の領地の収公されたもの十三万石、一方、これを他に賜わったのは極めて少ない。ために旗本の士にして困窮して侍の心得も維持し難いものがあるのに、執政らは少しもこれを察知せず、不行届極まる。されば私の領地十一万石を上納致すによって、これを旗本らに分配して頂きたい。私が、今江戸を立退くのは、親類縁者が抑止するのを怖《おそ》れてのことで、何らの他意なし、母及び妻子を江戸邸にとめておきたることによっても、察知せられたし、云々《うんぬん》。

上書は、保科正之と阿部忠秋とに宛《あ》てられ、松平信綱の名は記されていない。

正信が、悪政の根元と考えて、一時は刺殺しようとまで考えたと言うのが、ほかならぬ信綱であることは、ほぼ間違いがないであろう。それにしても、参観《さんきん》交代の制を無視して、勝手に領地に帰ってしまったのは乱暴極まることである。

正信乱心――と、判定されても致し方がないところだ。しからば、正信はまことに発狂したのであろうか。

正気と狂気の境界は微妙である。

正信が果して、病理学的意味において、発狂していたかどうかは、もちろん、判定し難い。

しかし少なくも、常識から考えてやや思慮を欠いた行動をとるに至っていたことは明白である。

そして彼がそうした行動に出るに至ったについては、幾多の理由が考えられる。すでに、前に述べたように、老中の役職につくことを期待していたのがかなえられなかったことと、それを主として松平信綱の責に帰していたこと、その信綱を、

——利勘算用を事とする諸悪政の源。

と考えるようになっていたこと。

将軍の殊遇を受けた父の子たる自分は、一身を抛《なげう》って悪政を正すべき責任ありと考えたこと、等々。

また、忠君とか武勇とか言ったことを極めて狭く解釈し、熱狂的に思いつめて、何かしないではいられない気持になっていたこと、等々、いろいろ考えられる。

『明良洪範』によると、

——かかる華奢《かしゃ》風流の風俗を改め、武道を励む世にせんと日夜工夫して思うに、所詮《しょせん》、一通りのことでは、この弊風一変することはなり難し、吾家を亡ぼすとも上の御ために は惜しからず、われ今、佐倉に籠城《ろうじょう》すれば、定めて討手の人数を向けらるべし。然《しか》る時は自然、華奢風流のみちを変じて武道を励むこととならん、さすれば上に対しては忠、

祖に対しては孝なるべしと決心し、

とある。

武道の衰えを憤慨する余り、籠城しようなどと言うのは、どうしても正常な思考ではない。やはり発狂か、その一歩手前まで行っていたものとみねばならないであろう。ただ、家光死後の天下の情勢は、一見泰平に見えながら、いろいろの問題を含んでいたことは確かで、それが正信の一本気な魂に、やや異常な影響を与えていたことは、認めてやらなければならない。

その第一は、ほかならぬ彼の妻の叔父、松平能登守定政の行動である。これは、彼も上申書の中で触れているものだ。

家光の死後二カ月余の慶安四年七月九日、三河刈屋の城主松平定政は、井伊直孝に一通の封書を提出した上、上野東叡山最教院に入って出家し、嫡子にも剃髪《ていはつ》させ、妻は実家に戻してしまった。

封書の内容は、かねて家光公の高恩に報いようと考えていたが、すでに亡くなられて、その志も空《むな》しくなった。今の執政（暗に松平信綱を指す）のやり方では天下の乱れることと遠からず、今や上下困窮するに当局に何の救済策もない。自分は、一人で二万石を食《は》んでいるが、この封禄《ほうろく》及び武具一切を献上する故、これを旗本の士に分けて頂きたい。わが封禄のみでも、五石ずつ与えれば四千人に分ち得る。自分一人ではとても四千人の働きはなし得ない、と言うものであった。

その上、定政は嫡子及び郎党ら四人で、墨染《すみぞめ》の衣をまとい、銅鉢を捧《ささ》げて、

「松平能登の入道に物を下され下され、南無阿弥陀仏、南無阿弥陀仏」

と唱えて江戸市中を廻り歩いた。

幕府では驚いて、狂気したものとして、兄の松平定行に預けた。

この定政の所業は、正信のそれに非常に良く似ている。定政自身は決して自分を狂人とは思っていなかったに違いない。大真面目《まじめ》に天下を憂え、一身を棄《す》てて、警世の実をあげようとしたのであろう。その精神は後の大塩平八郎と大して違いないはずである。が、その行為は突飛に過ぎた。

第二の事件は、定政の事件から半月ほどして発覚した由井正雪の叛乱《はんらん》計画である。

正雪は幕吏に囲まれて自決したが、その遺書に、

――天下の政道無法にして上下大いに困窮し、万人これを悲しむ。先に松平能登守定政これを諌《いさ》めて遁世《とんせい》したのに、当局は狂人扱いにした。定政の忠節の志、全く空し、天

下のため、歎くべし、云々。

とあり、大老酒井忠勝を非難していた。

更に、第三に、正雪の事件後約一年、承応元年（一六五二）九月、浪人戸次《へつぎ》庄左衛門らが、芝増上寺における秀忠夫人法要の夜に、火を放って市中を混乱せしめて、江戸城を占領しようとした陰謀が露見し、徒党一味悉《ことごと》く捕えられて斬罪《ざんざい》に処せられた。

また、同じ頃、江戸市中で愚連隊的存在であった、いわゆるかぶき者が大々的に追及され逮捕される事件もあった。

天下泰平と見えながら、おびただしい浪人の重圧や、旗本下級の士の困窮が、ようやく大きな問題となってきたことは明らかである。

そうした事象を、ただ世上の一問題として客観的に感じるか、自分にも責任のある憂国の問題として受けとるかは、人によって異なる。

正信は、まさしくこれを、自分で何とかせねばならぬ問題として、少なくも自分が当局を覚醒《かくせい》させて、抜本的対策を講じさせねばならぬ大問題として感じたに違いない。

あたかも明暦に入ってからの数度の大火は、江戸のほとんどすべてを焼きつくした。

それらの善後策について、正信は何らかの意見を具申したが、全く採用されることなく、一切は松平信綱の見解によって、取り行われた。

正信の信綱に対する怨恨《えんこん》は、こうして一方的に増大していったが、信綱の方で、どの程度にそれを考えていたかは不明である。

おそらく信綱の眼中には、正信は大した存在とは映っておらず、何となく虫の好かぬ、多少常軌を逸した分らずやぐらいにしか考えていなかったのではなかろうか。

正信の行為について、幕閣で問題になった時、信綱は即座に、

「正信は狂気したのであろう」

と言った。保科正之は、信綱が正信を憎んで、そう言ったのかと考えて、

「正信の言うところ必ずしも正しくはないが、一理なきに非《あら》ず。己れの家も一身も忘れての上申、決して狂気にあるまじ」

と取りなすと、信綱は、

「正信が狂気でないとすれば、その罪は重い。一門の者まですべて厳重に処罰せねばならぬ。狂気ならば、先代以来殊功の家、いかようにも罪を宥《なだ》め得る」

と答えたので、正之は成程と感じたと言う。信綱は正信を多少嫌っていたとしても敵視したとは思われない。憎悪は正信の一人芝居だったのではなかろうか。

十一月三日、正信は、弟の飯田城主脇坂安政に預けられ、領地は没収。正信の子帯刀正休《まさやす》には、一万俵の俸米が給せられた。処分としては、かなり寛大なものであったと言ってよい。

飯田に移ってからの正信は、かなりの自由を許され『忠義士抜書』『楠三代忠義抜書』『一願同心集』『捨心同心集』などの書を著わしている。もちろん、文章としては、見るべきものなく、ただ彼の狂信的忠君精神の表現としてのみ見るべきものであろう。

十二年後の寛文十二年、安政が播州竜野に転封されると、正信は若狭の小浜城主酒井忠直に預けられた。忠直は、正信の母方の叔父である。

この頃から正信は、かなり勝手な行動を始めたらしい。忠直は、それに手を焼いて、しばしば老中に、正信不行儀の旨を上申している。

延宝五年（一六七七）三月、正信は、勝手に小浜を抜け出して京に赴き、清水寺と石清水八幡宮とにお詣《まい》りをした。

酒井家では、驚いて正信を追って京で摑《つか》まえたが、正信は平然として、

「将軍家（家綱）にお世嗣《よつぎ》が生れるように祈願に参ったのだ」

と、けろっとしている。

「お預けの身として、勝手に旅などなされては、どのようなお咎《とが》めのあるやも知れず」

と、言っても、

「わしが酒井家に預けられた時、公儀から酒井家に対して、わしを屋敷外に出してはならぬとの命令があったらしいが、わし自身には格別のお達しはなかった。されば、わしが酒井の屋敷の外に出ても、自分としては公儀の命に背いたことにはならぬ」

と、うそぶいている。

「しかし、酒井家としては、一大事」

と、その不埒《ふらち》な所業を詰《なじ》っても、

「そうだな、酒井家は潰《つぶ》れるかも知れんな、しかし、わしも十八年前、一家を抛って、諫書を奉ったのだ。天下のためには、親戚などどうなっても已《や》むを得ぬと、以前から言っていたはず、今更、慌てることもないだろう」

と言う返答である。これでは、まさしく精神異常と言うほかはない。

酒井家から恐る恐る幕府へ事の次第を報告すると、

――流人の身で、ほしいままに京へ上るとは、以《もっ》てのほかの曲事《くせごと》。

と、正信は改めて、徳島の蜂須賀家へきびしくお預け、悴の正休は閉門、酒井忠直は、監督不行届として厳罰すべきところ、かねて正信の異常行為を、幕府でも知っていたので、特に閉門だけで済んだ。

正信の行為は通常ならば、当然、切腹を命ぜられるべきものである。先代正盛の功績と、当人の精神異常を考慮して、寛大な処置をとったのであろうが、この点からみても、松平信綱は、正信を憎悪の対象とまでは考えていなかったことは明らかである。

正信は、家臣五名だけを伴って蜂須賀家に預けられた。蜂須賀家では、福島に住居を作って主従六名を置き、厳重に番人をつけ、刃物類は一切与えなかった。

ここでも正信は、事ごとに文句をつけて、番人共を叱りつけ、大いに困らせたらしい。

延宝八年五月、将軍家綱死去の報が伝わると、同二十日、正信は、鋏《はさみ》を以て喉《のど》を突いて自殺した。五十歳。

預かり人である蜂須賀綱矩《つなのり》に残した遺書に曰く。

――二十一年前、忠義を言上して採用されず、その時、罪を許されしのみならず、三年前京へ上った時も父の面目によって許さる。かく無益の命をながらえるは詮なき故、このたび相果つ。国家に不慮の事でもあって、そのために死するならば本望なれど、かく相果つるは無念なり、云々。

三上参次博士は、正信を評して、

——狂人に非ずとも、少なくも忠義狂と見て可なり、
と記しているが、晩年における正信は、病理学的にもどうやら狂人の範疇《はんちゅう》に入っていたのではなかろうか。

最後に、正信の行動について、佐倉惣五郎の怨霊《おんりょう》のたたりで、乱心したのだと言う俗説について一言しておく。

怨霊の祟《たた》りなどと言うのはもちろん、愚にもつかない妄説だが、いわゆる佐倉惣五郎の直訴事件の背景となった百姓の騒擾《そうじょう》は、まさしく堀田正信の時の事件であり、それが正信の行動に関係がなかったとは言えないからである。

佐倉惣五郎（または宗吾、あるいは宗五郎）は、日本義民の代表とされて、無数の伝説に彩られているが、その実体はすこぶる曖昧《あいまい》である。

明治の初め、旧佐倉藩士であった依田百川《よだひゃくせん》は、惣五郎についての伝説の大部分を否定し、

——宗吾は三百代言に過ぎぬ。

と断定している。

その後、大森金五郎、八代国治《やしろくにじ》両博士らも、惣五郎の存在は一応認めながら、その佐倉騒動における役割については多くの疑問を述べ、更に、三田村鳶魚《えんぎょ》、田村栄太郎、村《むら》雨退二郎《さめたいじろう》の諸氏は、惣五郎の存在そのものをさえ疑問視するに至った。

しかし、児玉幸多氏の綿密な立証によれば、少なくも惣五郎なる人物の存在は確かなようである。

その惣五郎が、現実にどんな役割を果したかと言うことになると、はっきりした事は分らない。明白なことは、彼が、義民の代表として、悲惨な苛政《かせい》に喘《あえ》いだ農民たちの崇敬の的になってきたことだ。

おそらく、江戸時代を通じて、無数の百姓一揆《いっき》、農民騒動の中に無数の惣五郎的存在があったのであろう。それがすべて、惣五郎の一身に集中されて、理想像にまで仕上げられたのであろう。そのようなものとして考えれば、惣五郎の存在を否定する必要は少しもない。

ところで、惣五郎についての伝説として残っているものの中で、最も古いものは、

『地蔵堂通夜物語』や『堀田騒動記』などであるが、その内容は悉く違う。

今、『通夜物語』に基づいて記せば、佐倉城主堀田正信は父の功によって老中になったので、家臣共も増長して百姓共をいびり、種々の難題を言いかけ、年貢課役を増徴した。百姓は困窮して、伝来の田畑を売り、ついには他国へ離散するものも出る始末。名主たちは相談の上、郡奉行、勘定頭、家老に訴え出たが、効果はない。ついに三百余人が出府して、堀田家の江戸屋敷に願い出ることになった。惣五郎は、急病のため、少し遅れて出府してみると、名主たちは、堀田家で歎願を受けつけてくれないので困惑している。

惣五郎は、老中久世《くぜ》大和守に駕籠《かご》訴訟をすることにし、西の丸下の久世の屋敷から出てきた駕籠に願書を捧げると、ともかくそれを受理してくれたので大いに悦ぶ。間もなく大和守の屋敷から呼出しがあったので行ってみると、願書はさし戻す、直訴の罪は特に穏便に計ってやると言うだけ。惣五郎は、領主役人の非道を大いに訴えたが、取り上げてもらえないので、ついに将軍への直訴を企てた。

承応三年十二月二十日、将軍家綱が上野寛永寺に参詣するため、下谷広小路黒門前の三枚橋の中の橋にさしかかった時、惣五郎は橋の下から躍り出て、一間ばかりの竹の先に訴状を差し挟んだものを出した。お側の者がこれを取ったので、惣五郎は悦んで旅宿に戻り、待っていた仲間と祝盃を挙げる。

幕閣では、評議の上、願書を堀田正信に下げ渡す。正信は大いに面目を失い、邸《やしき》に戻ると直ちに家臣を呼んで、租税の減免を命じ、家臣たちの責任を追及したが、家臣たちは逆に、惣五郎に罪を被《かぶ》せ、それを極刑に処すべしと主張して、正信を説伏してしまった。

翌明暦元年（一六五五）二月十一日、惣五郎夫婦と男子四人は処刑され、家財一切没収、女子二人は他家へ嫁入っていたので特に赦《ゆる》される。

男児四人がまず打ち首になり、ついで夫婦が磔刑《たっけい》になったが、惣五郎は、眼前に我児を殺されるのを見て、

「私は人々のために初めから命を棄ててかかっていること故、死はいささかも悔ゆるところはありませぬ。なれど、東西も知らぬ幼児まで殺すとは余りに酷《ひど》いこと、御領主さま御夫婦も修羅道に引入れて、この恨み必ず晴らしましょうぞ」

と叫んだ。

その祟りはてきめん、正信の妻は妊娠中に病死し、ついで正信自身も乱心して城地を没収されてしまった――と言うのである。

一見して直ちに分るように、この『通夜物語』はほとんど全くでたらめである。第一に正信は老中になった事はない。老中になったのは父正盛であり、本人は老中になれなかったのが一原因となって、頭が少し異常を呈したのである。

第二に老中久世大和守に駕籠訴えをしたと言うが、久世大和守はこの頃は老中ではなく、御側用人である。直訴状を受取ってもらったので悦んで宿所に戻ったと言うに至っては、論外である。直訴者は直ちに取り押えられた上、その領主の邸留守居役に通知して引渡されるのが例である。

第三に上野で将軍に直訴したと言うのも、絶対にあり得ない事、警戒の士卒は無能ではない。まして六尺余の竹竿《たけざお》に願書を挟んでと言うのは、全く、当時の礼式を解しないやり方であり、すべて講談師の作り事と言うほかはない。このほかの惣五郎伝説も、その荒唐無稽《むけい》な点では大同小異である。

このように、惣五郎についての俗説は非常にゆがめられ、附加物が多くなっていることは事実だが、とにかく、惣五郎と言う人物が存在し、佐倉領の農民のために力をつくしたことは確かであろう。堀田時代の佐倉領の租税が特に甚だしく苛酷《かこく》で、百姓が一揆を起しかねないほどのものであったと言う確証はないが、正信闕所《けっしょ》後の幕府の通達などを見ると、租税の引下げが命じられており、多少重課の傾向はあったらしい。

　正信は、惣五郎事件――あるいはこれに象徴される農民騒動を、どう考えたか。

　普通の頭脳ならば、自分の領土内の騒ぎは、自分の失政として反省するであろうが、ある種の人々はこんな場合にも、その責任を天下の政治に帰し、幕府の政治が悪いからこんな事になるのだと言うように考えるであろう。正信と言う男は、まさしくそう言った風な男であったのである。

　なお、ついでながら、正信の弟正俊は、将軍綱吉擁立の功によって大老となり、威権をほしいままにしたが、貞享元年（一六八四）八月、若年寄稲葉正休《まさやす》のために、殿中で刺殺された。正俊は兄の正信と違って、学もあり、識見卓抜、頭脳も明晰《めいせき》であったが、峻厳《しゅんげん》果断に過ぎる点はあったらしい。

　稲葉正休がこれを刺殺したについてはいろいろな説が行われているが、正休と言う人間が性格的に偏狭だったことは否定し難い。その正休が正信の父・正盛の従兄弟だとすれば、どうも、この一族には、いささか異常な血が流れていたのかも知れぬ。

　あるいは少なくも偏執狂的な、物事を思いつめてかっとしてしまう性格が、顕著な遺伝を示していたと言えるであろう。

松平中将光長

延宝九年（一六八一）六月、越後高田の城主松平中将光長が、将軍綱吉の直裁によって、領国二十六万石を没収されるに至った事件は、俗に越後騒動として知られている。

この事件については、事件のあった直後に僧の一音と言う者が『越後記』を書いたが、禁書となり、一音は八丈島に遠島処分になったと言う。この『越後記』は残っていないが『越後記大全』及び『越後騒動根元記』『越獄記』その他多くのものが伝わっている。いずれも小説的作為が混入していて、そのままには受取り難い。

しかし、当時の断獄口書目安《めやす》の全部を収録した『天和聚訟記』（二巻）及び、判決文を収めた『松平越後守家来裁決書』は、根本資料として信用し得る。

だが、それらを調べてみても、容易に真相は分らない。原告被告各々、自分の方に都合のよい事を述べたてていることはもちろんであるし、判決も主文のみ存して、理由はほとんど述べていないからである。この事件の将軍直裁は、綱吉の酒井忠清に対する反感、その治世初頭の対諸侯政策なども絡み合っているものと思われるが、まず事件そのものについて、概観を与えることにしよう。

松平中将光長は、越前秀康の孫であり、忠直の長子である。父忠直が除封配流《はいる》の処分に遭ったことは、すでに別に述べたが、父子相ついで、天下に醜態を示した訳だ。

もっとも忠直の方は、全く彼自身の行為が家国廃絶を招いたのだが、光長の場合には、彼の無能は疑いないとしても、直接には彼自身の行為よりも、彼の重臣連中の内訌《ないこう》が悲劇を齎《もたら》したのである。

騒動の根元は、何びとを以て家督を嗣《つ》がしめるかと言う点にあったのであるから、事態を分明にするために、簡単な系図を掲げておく。

左の系図にみられるように、光長は家系としてはまさに第一級に属する。御三家に次ぐ四家に列し、北越二十六万石、実収三十六万石とも言われた富裕な藩主となり、三位中将の栄位を保っていた。

光長が、高田城主となったのは、寛永元年（一六二四）三月、年齢わずか十歳の時であり、江戸に在住して、領国の政治はもっぱら、老臣筆頭の小栗五郎左衛門正高（一万七千石）及び糸魚川城代荻田主馬（一万四千石）に任せていた。

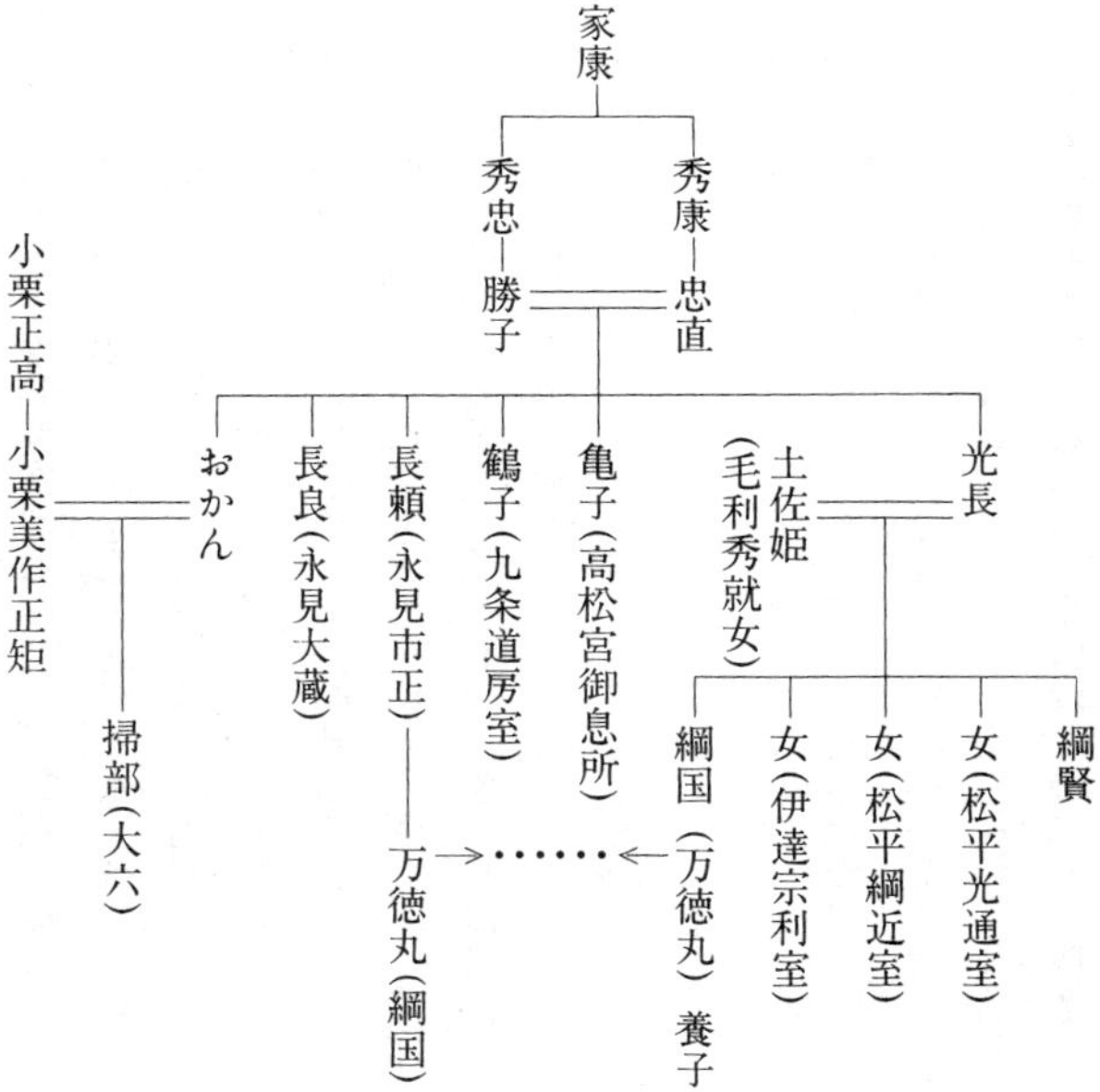

光長は、寛永十一年、初めて、母を伴って高田に入部したが、その後多く江戸に住んで、治政五十八年に及んだ。その初めの約四十年は、上記正高及び主馬、その子隼人《はやと》らが、よく相扶《たす》けて、治績挙がり、領民の生活も他国に比べれば良好であった。

　しかるに、光長治世の後期に当る約十八年間は、正高の子美作守《みまさかのかみ》正矩《まさのり》、隼人の子主馬（祖父と同名）が並び立って、互いに権勢を争う形となり、これが領主の後嗣問題とからむことになったのである。

問題の人、小栗美作については、断獄の後は、おおむね奸悪《かんあく》の巨魁《きょかい》のように言っているが、彼の人物、功績を讃《たたえ》る記録もないではない。

『小栗美作有功記』によれば、美作は河村瑞軒《ずいけん》のすすめによって奥州堺《ざかい》の八海山から銀を採掘し、家中の者に知行の外にこれを配分して大いに悦《よろこ》ばれたと言うし、開墾開渠《かいきょ》の事業を奨励して郷村の民力を振興せしめたとも言っている。

小栗の家は三河以来の徳川譜代の家臣だが、美作の祖父大六は秀康の附人として越前に赴き、その忰《せがれ》五郎左衛門正高は、忠直配流に伴って光長が高田に移されて後、その筆頭家老として権勢の地位にあった。

従ってその嫡子たる美作は、主君光長の妹にあたるおかん、、、を正室として与えられたのである。

前掲系図のうち、市正《いちのかみ》長頼、大蔵長良、おかんの三人は、忠直が豊後国津守に配流中、側室に生ませた庶子であるが、忠直の死後、光長が高田に引取った。おかんは、上記のごとく小栗美作の妻となり、長頼、長良兄弟は、曾祖母の家を嗣いで、永見姓を名乗り、前者は三千石、後者は二千石を与えられた。両名とも家臣に列したとは言え、もともと光長の異母弟であるから、家中はこの二人を尊敬して、両輪殿と称していた。

この市正長頼の子万徳丸が、後に述べるように、光長の養子となって綱国と称し、一方、美作とおかんの間に生れた掃部《かもん》（大六）が、この綱国の対抗馬となり、お家騒動が起るのである。

元来、光長には綱賢と言う嫡子があり、藤原道房の女《むすめ》を室に迎え、下野守に任じ、当然、光長の後を嗣ぐ地位にあったが、延宝二年（一六七四）に父に先立って病死した。

これに代るべき養嗣として候補に上ったのは、光長の異母弟たる永見大蔵長良と、市正長頼の子万徳丸、並びに光長の甥《おい》に当る小栗掃部の三名である。

重臣熟議の結果大蔵はすでに齢《よわい》五十を過ぎていることだし、万徳丸と掃部とはどちらも光長の甥ではあるが、万徳丸の方が男系であるからと言うことで、十五歳の万徳丸を推すことになり、幕府の許可を得て、翌延宝三年十一月、元服して将軍家綱の偏諱《へんき》を賜わり、三河守綱国と称した。

本来から言えば、これで越後家の後嗣問題はすっかり片がついたはずである。

しかし、小栗美作にしてみれば、明らかに自分の悴が藩主となれる機会を惜しくも逸したような気がしたに違いない。何とかして掃部を藩主の地位に据えることはできないものかと肝胆を砕くことになり、ここに騒動が生れたのである。

美作が考えた策略は、光長を隠居させて、掃部をその養子とした上、綱国を乱心その他の名義で押し込め、掃部に家督をとらしめようと言うものだと言う。

そのためには、相当手の込んだ方法を必要とするし、何よりも家中の者を味方に引入れなければならぬ。また、最後の決定権を握る幕府の実力者大老酒井雅楽頭《うたのかみ》忠清を、自家薬籠《かやくろう》中のものとしておかねばならぬ。

これらの目的に向かって、美作は、あらゆる手段を講じ始めた。そこで心あるものは、美作の謀略を見抜き、敢然として起《た》って小栗一族を除こうとして、永見大蔵、荻田主馬を擁しておお為方と称し、美作一派を逆意方と呼び、激しい抗争を繰り展《ひろ》げるに至った。

以上が、一般に行われている見解であるが、これに対して『御城主略年譜』には全く反対の説が述べられている。

美作が父以来、藩内最高の地位にあって、一族繁栄しているのを見て、大蔵や、主馬が反感を持っているのに乗じて、大横目《おおよこめ》の渡辺九十郎なる奸悪の男が、この両人をそそのかし美作一派を除いて、自己の権勢を張ろうとしたのが根本原因であると言うのだ。

どちらが正しいか誰にも分らないが、綱国の養嗣決定によって、ひとたび万事が収まったはずの越後家に、かかる内紛の生じたと言う事実からみて、美作に正常ならざる意図のあったことは、まず疑いのないところであろう。

まず、その外部に現われた事象から記しておく。

美作は、父の後を嗣いで筆頭家老の地位につくと、御用人である安藤太郎左衛門、岡島図書、林内蔵助の三人に各々五百石を加増して味方に引入れ、また、光長の近習安藤治左衛門を四十石の小身から千五百石にまで抜擢《ばってき》した。

更に、光長が特殊な寵愛《ちょうあい》をしていた戸田内膳と言う小姓を懐柔し、そのために善美を尽した邸《やしき》を拵《こしら》えてやったり、三百石の知行に金子百両ずつを与えたりしたので、内膳は大いに感激して、熊野牛王《くまのごおう》の誓紙に血判をして、

――今後、殿（光長）の御取沙汰《とりさた》はすべて、巨細《こさい》となく一々書留めて御報《しら》せ致します。

と誓ったと言う。

一方、幕府の実力者酒井忠清に対して、莫大《ばくだい》な贈り物をして、その歓心を買ったのみならず、忠清の側近として辣腕《らつわん》を揮《ふる》っていた勅使河原《てしがわら》三左衛門に対しても、江戸聞番《ききばん》の高梨加兵衛を通じて、惜しみなく金銀を贈って、充分の布石を固めた。

延宝六年の暮、前記安藤治左衛門は、美作に忠勤ぶりを示すため、光長に向かって、

――掃部殿を、越後家の家門並《なみ》にお取立てなされてしかるべく、と、進言した。もちろん、あらかじめ、美作とは打合せの上であろう。光長と言う男は何事についても、はっきりした自分の意見を持たぬ凡庸暗愚の主君だったから、気に入りの家臣のすすめではあるし、綱国を養嗣と決定した時、その選から外れた掃部を可哀そうに思う気持もあったのであろう。

――よきに計らえ。

と言うことで、掃部は、御家門並となった。そこで、更に一歩すすめて、掃部に対して、家中一統の御目見得をさせると言うことになり、小栗家の門前には、時の勢につく阿《あ》諛《ゆ》追《つい》従《しょう》の連中ひきも切らず、祝いの品は積んで山をなした。

美作は、この頃、光長の側室某（一説にお吟の方）と密通していたと言うが、これは確証はない、おそらく偽りであろう。しかし、光長の寵愛した上臈《じょうろう》たちに深く取り入っていたことは間違いない。彼らに向かって、

「殿も近いうちに御隠居なされるであろう。御手前様方もその折のことをよくよく考えておかれた方がよい」

と意味あり気にたきつける。

野村、いなかと言う二人の上﨟が、

「どう致したらようございましょう」

と、老後の事が心配になって相談を持ちかけると、

「されば妙案もないが、倅掃部を殿御隠居後の養子と言うことに決めておいて、御手前様方は、掃部の養母となれば、生涯、御不安はなきように計らえよう」

と言葉巧みに、女人たちの晩年の計画に便乗した上、戸田内膳や安藤治左衛門を通じて、光長にも吹き込んだ。

「御養嗣君綱国さまは、御病身。万一のことがありました場合、御公儀に対して緊急の処置がとれますよう、掃部殿を、次の御継嗣としてお決めおかれるのがよろしゅうございましょう」

延宝七年正月五日、美作は、掃部の邸に光長を招待して、大いに歓待したが、酒宴半ばに、かねての打合せに従って、上﨟たちから、掃部のことを極力推薦したので、光長は例によって、ふらふらと、

――自分が隠居したら、掃部を養子にしよう。

と言う口約を与えてしまった。

噂《うわさ》はたちまち、家中に拡《ひろ》がる。

すわこそ、美作めが、お家乗取りの第一歩を踏み出したぞといきり立つもの、早くも三河守綱国毒殺の企てありなどと先走って噂を流すもの、美作一派を誅伐《ちゅうばつ》せよと呶号《どごう》するもの、高田城下は、騒然として鼎《かなえ》の沸くがごとくになった。

『柳営史記』によれば、光長が隠居料五万石をもって隠居し、掃部を養子とする件を幕府に願い出るために使者を出府させようとしたところ、渡辺九十郎がこれを妨げようとして、お為方に訴えたため、お為方の連中八百五十人が永見大蔵の邸に集まり同盟連判して、美作打倒を叫んだと言う。

『御城主略年譜』によれば、正月九日、お為方の五百三十余人が、武装して美作の門外まで押しかけて騒擾《そうじょう》したが、美作は固く門をとじて、取り合わなかったと言う。

老臣荻田主馬、岡島将監《しょうげん》、本多七左衛門らは、永見大蔵と相談して光長に面謁し、美作を隠居せしめるよう進言した。

光長は例によって例のごとく、諾々としてこれを認める。

美作は、家中の騒ぎをみて、家中立退きの態勢を示し、城中の金蔵に預けておいた千両の金をとり戻したり、家来共に切米《きりまい》を渡したりして、あえてお為方と実力で争う意思のないことを明示した。

実際に立退くつもりはなく、ただ後日幕府当局の取調べのあった時、自分の方では全く謹慎穏便の態度をとっていたと言うことを示すための策略であったと言う。

事実、彼は城下から立退かなかった。自ら願い出て隠居してしまった。光長も、十七日、

——掃部養子の儀は事実にあらず。

と、ぬけぬけと声明を発した。これで一応、騒動が収まり、城下の人々も安心して、

——さりとては心永見の大蔵が、今年は国のよきがためかな
と、落首をする者さえあった。大蔵は隻眼だったし、大蔵の力によって、城下流血の惨を避け得たと見たのであろう。

だが、騒動はこれで片附いたのではない。

高田の家中が二派に分れて争っている間、江戸藩邸においても同様の事態が生じていたのである。その状況が幕府の知るところとなったので、光長は、片山外記、渡辺九十郎の両人を出府せしめて、幕府に事情を報告した。

酒井忠清は、大目付渡辺大隅守に命じて吟味せしめた上、越後家親戚に当る松平大和

守直矩《なおのり》、同上総介近栄《ちかよし》と相談の上、両派に対して和解すべき旨の覚書を下附した。

しかし、両派の紛争は依然として止《や》まず、流言はしきりに飛ぶ。四月十八日にはついに武力で衝突しそうな形勢になり、光長が驚いて鎮撫《ちんぶ》したが、もともとこの主君には大した威厳はない。

あたかもこの時、光長は参覲《さんきん》のため、江戸に上ってしまったので、後は一触即発の状態である。連日、江戸に報告が飛ぶ。光長も心配になって、永見大蔵と渡辺九十郎とに出府を命じた。

両人は江戸に到着すると、直ちに上屋敷に入って、江戸の一味徒党を集めて連日密議をこらし、光長のもとに伺候しない。

美作派のものから、酒井忠清に対して、内々の密訴があったのであろう。幕府は突然、大蔵らに命じて集会を禁ずる旨の沙汰を下し、ついで十月十九日、評定所に召出して、きびしい詮議《せんぎ》が行われた。

酒井忠清の圧力が充分にかかっていたに違いない。大目付彦坂壱岐守重紹《しげつぐ》は、甚だしく不公平な裁定を下したのである。すなわち、

——雑説を流布し、家中の人心を惑わしたる罪浅からず。